AF391562

# L'ÉPOUSE RARE,

## OU

## MODELE DE DOUCEUR,

## DE PATIENCE,

## ET DE CONSTANCE.

*Anecdote aussi intéressante qu'amusante,*
*& écrite dans le simple :*

Par Madame la Comtesse de GETNON-VILLE.

A MALTHE,

*Et se trouve à* PARIS,

Chez FROULLÉ, Libraire, Quai des Augustins,
près la rue Payée.

M. DCC. LXXXIX.

# A MONSIEUR

## LE

## CHEVALIER RICHARD,

MONSIEUR, ET CHER AMI;

L'ANECDOTE que je vous présente est un hommage de mon amitié & de mon estime. En vous
amusant quelques momens, elle
pourra produire en vous de salu-
taires réflexions : les bons & les
mauvais exemples sont utiles pour
éviter les uns, & suivre les autres.
Dans quelques années, il vous

faudra une épouse. Votre goût sage & délicat, mon cher Chevalier, vous rendra difficile dans le choix. On ne sauroit apporter trop de soin, lorsqu'il s'agit de s'unir pour la vie. Si l'objet, qui saura vous charmer, possède esprit, talens, sagesse, beauté, graces, délicatesse de sentimens, noblesse dans les manières, grandeur d'ame, douceur de caractère, vous serez fort à féliciter. Cependant, telle étoit Mademoiselle de Pré-Fleuri, & elle n'a pas toujours été heureuse. Mais vous n'aurez pas, cher ami, les défauts du Comte de Grand-Pont, qui étoit trop plein de lui-même. Vous sayez qu'on n'est heureux en cette vie, qu'en rendant heureux tout ce qui nous entourre, en commençant par la moitié de soi-même. Le Comte a payé cher ses procédés envers son épouse. Et si cette femme étonnante eût été comme la plupart des femmes, que seroit devenu le pauvre Comte, avec toute sa sensibilité & son repentir?

Comme on ne peut, mon cher Chevalier, souhaiter, sans témérité, tant de qualités dans un même objet, qu'en avoit la Comtesse de Grand-Pont, je me borne à souhaiter à votre épouse, une beauté médiocre; mais une ame grande, un esprit supérieur; beaucoup de douceur, de raison & de Religion.

A iij

*Avec toutes les qualités estimables que vous possédez, une fortune honnête, & un cœur comme le vôtre, vous ne pouvez manquer de trouver une épouse d'un mérite rare. Vous l'aimerez, vous ferez sa félicité. Je souhaite que vous commenciez la vôtre, en lui etant fidéle, avant même de la connoître : c'est vous souhaiter un sort heureux. C'est dans ces sentimens, que je me dis avec l'estime la plus parfaite.*

MONSIEUR, ET CHER AMI,

Votre très-humble, & très-obéissante servante,

La Comtesse de

GETNON-VILLE.

# PRÉFACE.

CETTE anecdote offre plusieurs scènes domestiques, rendues d'un style simple, & sans prétention. Elle présente tout ce que l'amour conjugal peut avoir de force & de vertu dans une épouse; & toutes les craintes & les remords d'un cœur converti dans un époux. La lecture ne pourra qu'en être agréable, par la singularité des situations, & utile par les exemples frappans de deux époux, tout dévoués l'un à l'autre, qui se voient sans se connoître, qui s'aiment uniquement, qui ne respirent que

A iv

leur réunion; & qui, sans le vouloir, & sans le savoir, l'éloignent,
& languissent pendant plus de sept
mois.

# L'ÉPOUSE RARE,

OU

## MODELE DE DOUCEUR,
## DE PATIENCE
## ET DE CONSTANCE.

*ANECDOTE.*

LE mardi 25 Février 1710, le Marquis de Pré-Fleuri épousa Mademoiselle du Petit-Parc, grande en naissance, en vertu, en mérite & en beauté. Il se trouvoit le plus heureux des hommes. Mais sur la terre le bonheur ne peut être complet, il faut que quelque chose le traverse. Pendant quelques années, il

A v

defira inutilement un enfant. La Marquife qui étoit pleine de religion, modéroit fes defirs, en lui repréfentant qu'ils étoient inutiles ; qu'une puiffance fupérieure régloit tout & que leur devoir étoit de fe conformer à la volonté du Très-haut. Le Marquis lui demandoit quelquefois de faire prier Dieu, dire des Meffes, diftribuer des aumônes. Elle le fatisfaifoit fur-le-champ ; mais en lui difant que toute fon intention étoit de demander pour lui à Dieu la foumiffion à fa fainte volonté. Les fages intentions de la Marquife eurent leur effet au bout de trois ans ; fon mari n'avoit plus d'autre defir que celui du Créateur ; il difoit tranquilement : *je n'ai pas d'enfant ; mais j'ai une femme adorable ; & s'il lui venoit un enfant, en lui donnant le jour, j'aurois peut-être le malheur de la perdre.*

Enfin, après dix ans de mariage, la Marquife devint groffe. Elle n'en parla à fon mari, que lorfqu'elle fut bien sûre de la chofe. Il en apprit la nouvelle avec tranfport; mais il le modéra auffi-tôt, & fe répandit en actions de graces, en demandant au ciel fon fecours pour faire un bon ufage de la faveur qu'il vouloit bien lui accorder.

Pour l'enfant, on chercha de tout côté dans Paris, une nourrice de bonne fanté, de bonnes mœurs, & qui confentît à le nourrir à l'hôtel. On eut de la peine à la trouver telle qu'on la defiroit; la Marquife étoit groffe de huit mois, qu'on n'en avoit pas encore. A la fin, il s'en préfenta une qui convint de tout point. C'étoit la femme d'un Commerçant qui avoit eu des malheurs, & qui, faute de fortune, avoit été obligée de nourrir pour la première fois son enfant. Cette femme étoit pleine de sentimens, de religion & de mérite.

Le vendredi, 28 Février 1721, à deux heures du matin, la Marquise donna naissance à une fille. Un enfant si desiré, fut un vrai trésor, & cette petite Demoiselle fut d'autant plus chère, que la Marquise n'eut absolument qu'elle d'enfant.

La nourrice n'avoit que deux enfans; une fille de quinze ans, & le petit garçon qu'elle venoit de nourrir; il avoit onze mois : sa sœur le sevra. Six mois après, cet enfant mourut de ses dents. On craignoit de le dire à la mere, de peur de la chagriner, & de nuire à la petite Marquise ; mais cette femme eut assez de raison & de force d'esprit pour rester dans le calme; elle dit qu'elle ne devoit à Dieu que des actions de graces pour avoir ôté son enfant de ce monde plein de misères, d'écueils & de dangers. Quatre mois après, cette femme perdit son mari. Il y avoit plusieurs années que cet homme ne sortoit plus, étant réduit à se cacher chez lui, pour éviter d'être mis en prison, à cause de ses dettes. Le Marquis & la Marquise, secondés de quelques amis bienfaisans, étoient parvenus à payer les dettes de cet homme à son insçu. Quand la chose fut exécutée, on envoya de l'hôtel une voiture à ce bon homme, pour l'inviter à venir dîner avec sa femme, en lui disant qu'il n'avoit plus rien à craindre, que ses dettes étoient payées. Il arriva. On lui confirma la nouvelle, en lui ajoutant, qu'il y avoit au-delà de ses dettes, près de trois mille livres pour le remettre dans fon petit commerce. Ce pauvre homme s'abandonna à des tranfports de joie fi grands, qu'il mourut dans les vingt-quatre heures.

Sa femme fut fi fenfible à fa mort, que, de l'avis des Médecins, on fevra Mademoifelle de Pré-Fleuri, qui n'avoit que dix mois. Pour la fevrer, on fit venir à l'hôtel la fille de la nourrice, qui avoit alors feize ans, & qui étoit pleine de fentimens, de fageffe & de raifon. On décida que cette fille refteroit attachée à Mademoifelle de Pré-Fleuri, tant qu'elle voudroit, & qu'on la marieroit, fi elle ne vouloit pas refter fille.

Quand la nourrice vit fa fille bien établie auprès de Mademoifelle de Pré-Fleuri, elle prit une réfolution. Cette femme, pleine de piété, avoit eu, avant fon mariage, un grand defir de fe faire

Religieuſe dans le Couvent où elle avoit reçu ſon éducation. Depuis ſon mariage, elle avoit ſouvent regretté de n'avoir pas ſuivi ſon penchant, qui paroiſſoit être une vraie vocation. Se voyant donc libre, elle fut ſe propoſer à l'Abbeſſe de ce Couvent, qui étoit encore celle de ſon temps. Cette Abbeſſe conſentit à la recevoir. Elle ſe chargea même d'é‑ crire à Madame de Pré‑Fleuri, qui ap‑ plaudit beaucoup à la réſolution de la nourrice, qui l'aida, & qui, pour la tran‑ quilliſer, lui renouvella la promeſſe de prendre ſoin de ſa fille, & de la ma‑ rier même, ſi c'étoit ſon goût. La nourrice, contente & tranquille, fit ſon Noviciat, enſuite ſa profeſſion. Elle n'étoit âgée que de trente‑ſix ans. On nomma alors ſa fille, *la nourrice‑bonne*, pour l'atta‑ cher davantage à l'enfant.

*Actuellement , j'en reviens à Mademoiselle de Pré-Fleuri , seul objet de cette narration.*

Mademoiselle de Pré-Fleuri fut élevée avec tout le soin possible sous les yeux de sa mère. Elle sut allier la piété, les sciences, les talens agréables, les vertus & les graces. L'hôtel de ses père & mère étoit dans l'une de ces belles rues désertes du fauxbourg Saint-Germain. Ils avoient, pour voisins , l'Abbé de Grand-Pont. C'étoit un homme de grande condition, aimable, & fort considéré. Cet Abbé servoit de père au Comte de Grand-Pont, son frère , qui étoit plus jeune que lui de vingt ans, & qui n'en avoit que huit, lorsqu'il perdit ses père & mère. Le Marquis & la Marquise avoient

acheté de l'Abbé, l'hôtel qu'ils occu-
poient. Un autre hôtel voisin étoit réservé
pour le jeune Comte, lors de son mariage. Celui de l'Abbé étoit contigu.

En 1729, le Comte ayant vingt ans,
l'Abbé le fit voyager avec deux amis de
science & de poids, son Gouverneur,
& trois domestiques. Pendant l'absence
de ce frère, qui dura quatre ans, l'Abbé
se lia d'une étroite amitié avec Monsieur & Madame de Pré-Fleuri. Cette
liaison fut très-utile à leur aimable fille,
qui, tous les jours, devenoit de plus
en plus un petit prodige d'esprit & de
jugement. L'Abbé, qui la couchoit en
joue, pour son frère, présidoit aux leçons de tous ses maîtres ; & il avoit la
satisfaction de lui voir faire de grands
progrès.

Au commencement de 1733, il fut

décidé que Mademoiselle de Pré-Fleuri feroit sa première communion à Pâques. A cette occasion, le Marquis & la Marquise firent une visite à M. Languet, Curé de Saint-Sulpice, & lui donnèrent trois cens livres pour habiller des enfans pauvres qui devoient faire leur première communion en même-temps que leur fille ; & trois cens livres aussi pour le bâtiment de son Eglise.

Le 8 Avril, à dix heures du soir, le Comte arriva de ses voyages. Le lendemain, Mademoiselle de Pré-Fleuri fit sa première communion. Le Comte assista à la cérémonie. L'air de piété, de modestie, & en même-temps de noblesse qu'il remarqua dans cette jeune Demoiselle, le frappa, & le remplit d'admiration. Il en parla sur ce ton à son frère au dessert en dînant, & lui ajouta :

« Je crois que cette jeune personne a
» enlevé mon cœur; elle a douze ans,
» j'en ai vingt-quatre : il me semble
» que nous pourrions faire une alliance
» dans quelques années : la vertu me
» plaît, c'est le plus bel ornement d'une
» femme ; & Mademoiselle de Pré-
» Fleuri aura de plus, lorsqu'elle sera
» formée, toutes les graces & tous les
» attraits qui pourront flatter la vanité
» d'un mari ». L'Abbé l'écoutoit avec
épanouissement : il lui tendit la main
à travers la table , & la lui serra , en
lui disant que c'étoit son plus grand
desir.

Dès le jour même, l'Abbé & le Comte
en parlèrent au Marquis & à la Marquise, qui ne dissimulèrent pas que tel
étoit aussi leur desir. On convint de
faire la chose le plutôt possible ; mais

en même - temps, d'en garder le fecret vis-à-vis la jeune Demoifelle, jufques tout près du mariage. De part & d'autre on tint parole. On fe voyoit tous les jours, & on vivoit dans la plus grande intimité.

Le Comte étoit un des plus beaux hommes de France, & un des plus aimables pour la fociété : il avoit un goût exquis pour les lettres & pour les talens agréables. Il n'eut pas de peine à fe faire aimer, adorer même de l'objet charmant qui lui étoit deftiné. Il lui fut auffi d'une grande reffource pour fon avancement dans les fciences. Tous les jours il fe trouvoit chez elle à l'arrivée de fes maîtres, & affiftoit à toutes les leçons qu'ils lui donnoient ; leçons de Danfe, de Mufique, d'Inftrumens, de Géographie, d'Hiftoire, de Langues dont elle apprenoit de quatre fortes. On pouvoit dire que c'étoient deux êtres qui fe perfectionnoient à l'envi pour s'eftimer réciproquement. Dans l'intervalle des leçons, les fciences étoient des objets de plaifirs & d'amufemens : on danfoit, on chantoit, on jouoit des inftrumens ; on réuniffoit quelques amis, & on faifoit de petits concerts, de petits bals. Ainfi fe pafsèrent deux années.

Le 28 Février 1735, le Comte donna une fête à Mademoifelle de Pré-Fleuri, pour célébrer le jour de fa naiffance. Elle avoit ce jour-là quatorze ans, & on étoit convenu de les marier après Pâques.

Après le fouper, on déclara à la jeune Demoifelle que depuis deux ans fon mariage étoit réfolu avec le Comte, & qu'on comptoit les unir dans deux mois. Elle rougit, elle pâlit. On lui demanda de dire, sans dissimulation, si le choix qu'on avoit fait pour elle, lui convenoit, en l'assurant qu'on ne forceroit nullement son inclination. Elle jetta un coup-d'œil sur le Comte, & dit : *Je suis encore bien jeune & bien petite.* Le Comte lui répliqua : *Ah! Mademoiselle, votre ame est bien grande; & dans peu d'années, les défauts, dont vous parlez, auront fait place à toutes les graces & à tous les attraits.* On avoit tout lieu d'espérer qu'elle deviendroit grande; ses père & mère étoient de la plus belle taille. Enfin, le jour du mariage fut fixé au mardi 26 Avril.

Pendant ces deux mois, on disposa tout avec activité & avec goût. L'hôtel du Comte, sans être d'une grande étendue, étoit d'une structure noble, &

il fut meublé avec élégance. Les voi-
tures étoient brillantes, les habillemens
de même. Mademoiselle de Pré-Fleuri
voyoit arranger tout avec plaisir. Elle
aimoit le Comte au-delà de toute ex-
preſſion, & elle avoit la prudence de
paroître tranquille, preſque juſqu'à l'indifférence. Le Comte en étoit quelquefois
allarmé, & il lui faiſoit alors de tendres
reproches. Elle lui répondoit gravement :
« Monſieur, je conſens à tout, j'approuve
» tout ce que l'on fait, je ne m'oppoſe
» à rien, ne recule à rien ; je penſe que
» vous ne devez pas en exiger actuelle-
» ment davantage de ma part ! il y
» aura temps pour tout ». Il ne pouvoit ſe diſſimuler, que cette réponſe
étoit pleine de ſageſſe, ainſi que ſa conduite.

Le mariage ſe fit au jour marqué avec

beaucoup d'éclat & de magnificence. La foule de monde qui se trouva à portée de voir les mariés, leur donnoit des bénédictions ; & de tous côtés, chacun disoit : *Oh ! la jolie petite mariée.* Mais pour attirer effectivement les graces du ciel sur cette union tant desirée, le Marquis & la Marquise, l'Abbé & le Comte s'étoient cotisés pour faire une somme de six mille livres, qu'ils donnèrent au Curé de Saint-Sulpice, pour le bâtiment de son Eglise ; & une autre de quatre mille, pour les pauvres de sa Paroisse. Ce fut l'Abbé qui les maria.

Après son mariage, la Comtesse ne dissimula plus la tendresse extrême qu'elle avoit pour son mari ; elle étoit pour lui, pleine d'attentions, de prévenances : & comme il étoit extrêmement beau, elle ne l'appella plus que son *cher Adonis.*

Pendant

Pendant huit mois tout alla bien, le Comte étoit enchanté de sa femme. De jour en jour il espéroit qu'elle deviendroit grosse. Après ce temps, il perdit tout espoir. Il savoit que la Marquise avoit été onze ans sans avoir d'enfant. Il commença à craindre la même chose de la Comtesse. D'ailleurs, il avoit espéré que le mariage lui seroit favorable, & elle étoit encore la même, petite chifonne, quoique toujours jolie. A quinze ans, elle n'en paroissoit pas douze. Toutes ces choses étoient pour lui des plaisirs. Enfin, il en vint à se dégouter de sa femme, & à la mépriser.

Pour la Comtesse, elle estimoit & adoroit son mari. Avec un air enfantin, elle avoit l'esprit grand, vif & solide, l'ame noble, le jugement sain, & pour son tourment, le cœur tendre & extrêmement sensible. Son mari lui connoissoit toutes ces qualités ; mais ne la considérant plus que du côté de la taille, il rougissoit de l'avoir pour femme. Il fuyoit sa compagnie autant qu'elle chérissoit la sienne : ses caresses, ses prévenances lui étoient à charge ; il n'y répondoit que par des rebuts. Quand quelquefois la Comtesse lui en faisoit de tendre reproches, il la traitoit d'enfant & de morveuse. Elle supportoit ces mépris avec grandeur d'ame : *il est heureux*, se disoit-elle à elle-même, *d'avoir à souffrir quelquefois, pour s'assurer qu'on aime ; sans cela, on ignoreroit la situation de son cœur; on le croiroit tendre, quand il ne seroit que reconnoissant.* Un soupir terminoit ces réflexions.

Enfin, au bout d'un an de mariage, le Comte prit la cruelle résolution de la quitter. Il lui fit un matin des adieux, en lui difant, pour la tromper, qu'il alloit paffer quelques jours à la campagne d'un ami. Il ne fortit point Paris ; il employa une femaine à s'inftaler avec une maîtreffe, dans une maifon d'un quartier tout oppofé à celui qu'il quittoit. Après quoi, le 7 Mai 1736, il écrivit à la Comteffe, que pour lui donner le temps de fe former, il alloit s'abfenter ; que le plaifir qu'il avoit goûté dans fes voyages, l'engageoit à les recommencer ; qu'il efpéroit que quelques années d'abfence ne ferviroient qu'à fomenter leur amour, & même à l'accroître ; qu'il la prioit de n'avoir pour lui aucune inquiétude ; qu'il avoit pris toutes les précautions néceffaires pour lui faire donner de fes nouvelles au befoin ; que tant qu'il feroit en bonne fanté, elle n'entendroit pas parler de lui ; qu'il avoit réglé ainfi fon plan pour l'amour d'elle, afin que fon filence ne lui causât aucun fouci. Il finiffoit par l'affurer de fon eftime, & de la difpofition où il étoit, de lui donner un jour des preuves de fa tendreffe & de fon affection.

La Comteffe étoit à fa toilette, quand elle reçut cette lettre ; fes deux femmes-de-chambre étoient préfentes. La nourrice-bonne lui étoit très-attachée. Cette fille qui, fouvent, avoit été témoin des peines de fa Maîtreffe, examinoit fes mouvemens pendant qu'elle lifoit la lettre. La Comteffe ayant demandé d'être laiffée feule, ces filles fortirent : mais la nourrice-bonne inquiète, fe débarraffa de fa compagne, & retourna à la porte de fa Maîtreffe, pour écouter.

En relifant la lettre de fon mari, la

Comtesse poussa plusieurs soupirs. Après quelques momens, elle dit : mon mari m'abandonne ! ô ciel ! que vais-je devenir ? Elle reprit l'instant d'après : allons, il faut supporter cette disgrace en héroïne, pour ménager la tendresse de mes parens. En disant cela, il lui échappa un sanglot : Ah ! mon cœur, tu souffres, dit-elle : & se sentant le visage inondé de pleurs, elle ajouta : l'apostume crève ; cédons quelques momens à notre foiblesse, pour vaincre plus sûrement après.

La nourrice-bonne l'entendant pleurer, quitta la porte, & courut chez le Marquis & la Marquise : elle leur dit tout simplement que sa Maîtresse avoit reçu du Comte, une lettre qui paroissoit l'affliger. Pendant cet intervalle, la Comtesse eut le temps de se soulager, & d'essuyer ses pleurs. Elle se disposoit à aller communiquer la lettre de ſon mari au Marquis & à la Marquiſe, quand elle les vit entrer dans ſon apparte-ment.

Quoiqu'ils fuſſent voiſins, ils n'avoient jamais paru chez elle ſi matin. Leur préſence la ſurprit & l'embarraſſa. Elle ſavoit qu'elle avoit lâché des paroles qui pouvoient avoir été entendues : elle connoiſſoit la nourrice - bonne pour être écouteuſe; & elle craignoit que la tendreſſe de cette fille pour elle, n'eût ruiné ſon deſſein. Pour s'aſſurer du ton qu'elle devoit prendre, elle pria la Marquiſe qui lui demandoit avec inſtance à voir la lettre du Comte, de lui dire auparavant, de qui elle avoit appris qu'elle avoit reçu une lettre de ſon mari, & ce qu'on lui avoit inſinué de cette lettre. La Marquiſe lui rendit les propres paroles de la nourrice-bonne. La Comtesse voyant qu'elle pouvoit poursuivre sa résolution, reprit un visage tranquille, & mit la lettre du Comte dans les mains de son père, qui en fit la lecture tout haut. Pendant cette lecture, le pauvre cœur de la Comtesse étoit dans une douleur violente ; & cependant elle eut la force de retenir des soupirs & des sanglots prêts à échapper.

Elle composa son visage, & leur dit : que l'absence de son mari ne lui déplaisoit pas ; que l'espérance d'être plus grande à son retour, étoit pour elle une perspective agréable ; qu'il la trouveroit alors plus digne de son cœur ; qu'elle pressentoit d'avance le plaisir de sa réunion avec lui ; que ce plaisir ne pouvant avoir lieu que par son éloignement, elle le regardoit comme un avantage,

B iv

plutôt que comme une difgrace ; en un mot, elle réuffit à perfuader fes père & mère, qu'elle étoit plus à féliciter qu'à plaindre, & que fa fituation n'auroit de pénible que la privation de recevoir des nouvelles du Comte. Enfuite, elle délibéra, avec un air de tranquillité, fur la manière la plus convenable d'opérer dans l'occurence préfente : je fuis trop jeune, leur dit-elle, pour occuper l'hôtel du Comte, pendant fon abfence. De deux chofes l'une : ou il faut que je me mette en penfion dans un Couvent; ou il faut que vous me faffiez la grace de me reprendre avec vous jufqu'à fon retour. Celle-ci eft celle que je defire, votre préfence feule pouvant me dédommager de celle de mon mari. Le Marquis & la Marquife y confentirent dans le moment, & ils la ferrèrent dans leurs bras, en lui témoignant la joie qu'ils éprouvoient à lui accorder sa demande. Elle leur en témoigna sa reconnoissance, en répondant à leurs caresses ; & elle les pria, alors, d'aller chez le frère de son mari, lui communiquer la lettre du Comte, & lui apprendre ses résolutions.

L'Abbé aimoit & estimoit sa belle-sœur, dont il savoit apprécier tout le mérite. Il apprit la disparition de son frère avec plus d'indignation que de sur-prise ; il avoit plusieurs fois été témoin de ses dédains & de ses duretés pour son épouse, & l'en avoit souvent accablé de reproches. « Mon frère, dit-il après » avoir lu la lettre, fait-là une chose » odieuse. Depuis quatre mois, je m'ap-» perçois qu'il se dégoûte de son épouse. » Il la trompe probablement, en lui » marquant qu'il va recommencer ses » voyages ; il la fuit pour s'adonner

» à quelqu'autre femme. Je souhaite
» qu'il modère ses plaisirs , & ap-
» prenne , à ses dépens , la différence
» qu'il y a entre une maîtresse & une
» épouse. Il paroît , par sa lettre , que son
» intention est de rentrer dans son devoir,
» après quelque temps d'absence. Espé-
» rons qu'après ce temps , il sera ce qu'il
» devroit être actuellement ; & en at-
» tendant, appliquons-nous à distraire
» notre jeune infortunée ; tâchons d'a-
» doucir son sort ; sur-tout donnons-
» nous bien de garde de lui dire ce que
» nous pensons de son mari ; laissons-
» lui croire qu'il est en voyage , & nour-
» rissons son espérance en son retour.
» Allons de ce pas , ajouta-t-il , en pre-
» nant la main de la Marquise , allons
» lui marquer notre tendresse ; il se-
» roit cruel de la laisser à elle dans ces
» premiers momens de tristesse ».

A peine l'Abbé avoit fini de parler, que son suisse lui apporta une espèce de lettre, qu'un commissionnaire lui avoit remise sans vouloir dire de quelle part elle venoit. L'Abbé la décacheta. C'étoit une procuration en bonne forme que le Comte lui envoyoit, & qui le rendoit maître de faire recevoir tous ses revenus, & d'en disposer à son gré. Cette procuration n'étoit accompagnée d'aucun mot d'amitié ni pour lui, ni pour personne. La première chose qu'il fit à l'hôtel du Comte, fut de faire venir l'Intendant de son frère, à qui il fit plusieurs questions en présence de Monsieur & de Madame de Pré-Fleuri. L'Intendant qui étoit un fort honnête-homme, n'avoit pas été le confident de son Maître. On apprit seulement de lui, que depuis quelques mois, le Comte avoit acheté pour

plus de cent mille livres d'effets royaux.
Cette découverte confirma à l'Abbé que
sa conjecture étoit juste sur le séjour de
son frère à Paris. Le Marquis, la Marquise & lui en soupirèrent.

L'Abbé, en entrant chez la Comtesse,
se jetta à son cou : il lui marqua un vif
ressentiment contre son frère, & la part
qu'il prenoit à sa disgrace. La Comtesse
l'en remercia, & le pria en même-temps
de ne se point indisposer contre son mari,
qu'elle aimoit toujours, disoit-elle, &
qu'elle souhaitoit que chacun aimât comme
elle. Elle ajouta que sa félicité actuelle
alloit dépendre de l'impression que sa
fuite alloit faire sur l'esprit des uns &
des autres : « dissipez, lui dit-elle, ainsi
» qu'au Marquis & à la Marquise, dis-
» sipez, je vous prie, ces nuages de tris-
» tesse, qui ombragent vos visages, &
» qui accablent mon cœur ».

La grandeur d'ame avec laquelle elle fupportoit fes nouveaux chagrins, étonna l'Abbé, & la lui rendit encore plus chère. Il fe chargea des effets les plus précieux de fon frère, renvoya les domeftiques inutiles, ne laiffa à l'hôtel que l'Intendant & fon domeftique, le fuiffe & fa femme : en un mot, il prit fur lui tous les embarras du moment, pour en décharger fa belle-fœur, & lui épargner des défagrémens inévitables dans une occafion pareille. Quand tout fut en état, il prit à tâche de la diftraire de fes chagrins. Son hôtel étoit voifin de celui du Marquis, & ils avoient l'avantage d'aller les uns chez les autres, par les portes de leurs jardins qui fe touchoient. Tous les jours donc, ils fe réuniffoient, avec un petit nombre d'amis choifis, pour diffiper la Comteffe, & lui rendre la vie agréable.

En rentrant avec ses père & mère, elle avoit renoncé à ses titres de femme & de Comtesse, & avoit repris le nom de Marquise; on ne l'appelloit plus que *Mademoiselle de Pré-Fleuri*; & elle avoit demandé en grace à tous ceux qu'elle fréquentoit, de ne jamais l'appeller autrement : elle leur avoit demandé encore de garder le secret sur son mariage vis-à-vis de ceux qui ne la connoissoient pas. Pour mieux en imposer, elle appella l'Abbé son oncle qui, en conséquence, traita de frère & de sœur le Marquis & la Marquise. Tous ces changemens passèrent en habitude, & rendirent leur société plus familière, & leur union plus intime.

Les prévenances, les attentions de l'Abbé, & la tendresse marquée de Monsieur & Madame de Pré-fleuri, furent, pour la Comtesse, de véritables consolations. Cependant son mari occupoit toujours son esprit, & remplissoit son cœur. La Nourrice-bonne, qui avoit sa confiance, couchoit dans un cabinet près de sa chambre, & elle entendoit souvent, & ses soupirs, & ses sanglots. Quelquefois même la Comtesse, en sa présence, laissoit couler de tristes larmes : « Supporte mes foiblesses, lui disoit-elle » alors, vois mes pleurs, & sois discrète, » pour ménager le cœur de mes parens, » & pour me laisser la liberté de me sou- » lager ; c'est la plus grande marque » d'affection que tu puisses me donner ».

Cette fille sentoit la nécessité de sa discrétion, vis-à-vis des père & mère de la Comtesse ; mais son sentiment n'étoit pas le même, par rapport à l'Abbé : elle lui disoit tout, & souvent pour le rendre

témoin de la situation de sa maîtresse,
elle l'introduisoit dans le cabinet où elle
couchoit, pendant que la Comtesse se
lamentoit, & qu'elle plaignoit son sort,
afin qu'il pût un jour en instruire le
Comte. Combien de fois n'admira-t-il
pas la sérénité qui brilloit sur le visage
de cette femme charmante, au sortir de
cet état souffrant & cruel ? Que vous
avez l'air triste, ma nièce, lui disoit-il
alors, pour l'amener à lui ouvrir son
cœur ! Vous vous trompez, mon cher
oncle, lui répondoit-elle d'un air enjoué ;
je n'en ai ni l'air ni la réalité. Il en
restoit là pour ne pas la contraindre ; &
elle se donnoit bien de garde de lui dire
la moindre chose qui pût l'indisposer contre
son mari.

Malgré ses précautions, pour ne point
paroître triste vis-à-vis de ses père &

mère, il lui échappoit souvent des soû-
pirs qu'elle vouloit retenir lorſqu'il n'é-
toit plus temps. Monſieur & Madame de
Pré-Fleuri la regardoient triſtement. Elle
ſourioit alors, en diſant : ce n'eſt qu'une
idée vague qui ne mérite nulle attention. Ils la ſurprirent une fois toute bai-
gnée de larmes dans ſa garde-robe, ne
croyant pas qu'ils iroient la chercher là.
Elle voulut retenir ſes larmes. Le Marquis lui dit en pleurant lui-même : *pleure,*
*ma fille, pleure, tu en as beſoin.* Il n'é-
toit pas effectivement en ſon pouvoir de
retenir ſes larmes à ce moment. Quand
elle eut pleuré quelque temps, le Marquis dit à ſa femme : hélas ! voilà bien dés
chagrins pour nous tous ; nous n'avons
pour tant épargné, pour ſon bonheur, ni
prières ni aumônes. « Mon cher ami,
» lui dit la Marquiſe, y as-tu regret ?

» N'as-tu donné à Dieu, que comme
» un ufurier, pour en recevoir de gros
» intérêts? Ne fais-tu pas que Dieu af-
» flige ceux qu'il aime, que les croix
» font des graces, & qu'on doit le re-
» mercier de tout » ? Tu es une vraie
confolatrice, lui répondit le Marquis en
l'embraffant. Puis il embraffa la Comteffe, qui, foulagée alors, prit à tâche
de l'égayer, en affectant une gaîté qui
n'avoit rien de réel.

Les peines fecrètes de la Comteffe, & la violence qu'elle fe faifoit
pour les cacher, ne l'empêchèrent pas
de croître & d'embellir extraordi-
nairement pendant les deux premières
années de l'abfence du Comte. A dix-
fept ans, elle étoit de la plus haute taille,
& elle avoit la phifionomie la plus belle &
la plus frappante. Tout en elle attiroit les

regards & fixoit l'admiration. Plufieurs Seigneurs de la première diftinction la firent demander en mariage, & fe trouvèrent choqués de fes refus. Par prudence, elle fe vit contrainte de fe fouftraire au grand monde, & de fe réduire à paffer la plus grande partie de l'année dans la retraite, tantôt à l'hôtel de fes père & mère, tantôt à celui de l'Abbé. Elle cédoit de bon cœur à cette néceffité, tant parce qu'elle aimoit la folitude, que parce que l'objet la flattoit : elle regardoit comme un préfage heureux, le changement qui s'étoit fait en elle : une joie délicieufe pénétroit tous fes fens, quand elle penfoit au retour de fon mari, & à l'impreffion que feroit fur lui fa taille & fa figure. Ce plaifir futur adouciffoit fes maux préfens, & elle attendoit patiemment ce moment fortuné, qui devoit la rendre chère à un époux qu'elle chérissoit.

Pour lui , il passa ces deux années , & quatre mois encore au delà , avec une indifférence marquée pour une épouse aussi aimable que tendre. Il ne daigna pas lui faire donner la moindre de ses nouvelles , quoiqu'il se doutât bien de son inquiétude , par l'affection qu'il lui connoissoit pour lui. Il vécut avec sa maîtresse tout ce temps , & la fit passer pour sa femme , en lui donnant le titre & le nom qu'il avoit pris. Ils se disoient le Baron & la Baronne de *Château-Vieux*. Leur demeure étoit au Fauxbourg Saint-Antoine.

Mais après avoir passé ce temps dans une intimité apparente , le Comte apprit , à ses dépens , la différence qu'il y a entre le cœur d'une maîtresse & celui d'une époufe. Depuis qu'il s'étoit livré à cette fille mercenaire, il mettoit tout en œuvre pour fe l'attacher. Les préfens tomboient fur fa toilette, comme la rofée tombe fur la terre au mois de Mai. Pour éviter la rencontre de fon époufe, il fuyoit les lieux qu'il favoit qu'elle fréquentoit le plus. Sa maîtreffe fe conformoit à fes volontés; mais elle ne manquoit pas de faire valoir tous ces facrifices, & de fe les faire payer. Elle favoit faire déployer les richeffes du Comte. Nulle femme de fa trempe ne l'emportoit fur elle pour les habits, les bijoux & les diamans, & cette affamée ne fe raffafioit jamais. Un jour qu'il devoit l'accompagner chez un Bijoutier, pour une augmentation de diamans qu'elle lui demandoit depuis quelque temps avec inftance, il tomba malade; une fièvre violente & un grand

mal de tête le retinrent au lit. Elle feignit beaucoup de senfibilité, & refta
toute la journée auprès de lui. Le lendemain, le mal étant augmenté, elle
montra de l'humeur. Le Comte lui en
fut gré, parce qu'il l'attribuoit à des
mouvemens de tendreffe pour lui. Sur le
foir, cette fille redoubla d'humeur au redoublement de la fièvre. Comme le Comte
ouvroit la bouche, pour lui en marquer
fa reconnoiffance, elle lui dit d'un ton
aigre, qu'il falloit combattre le mal pour
le vaincre; que c'étoit à fon indolence
qu'il étoit redevable de l'augmentation
de fa fièvre; que fi fon amour pour elle
avoit un peu plus de force, il lui feroit
quitter le lit, pour lui faire l'achat qu'il
lui avoit promis; qu'il ne s'en porteroit
pas plus mal, & qu'elle en feroit plus
contente.

Le Comte, surpris & accablé de ces reproches, lui dit, le cœur serré, que si sa parure l'importoit plus que sa santé à lui, il étoit tout prêt de la satisfaire; qu'il lui permettoit d'envoyer chercher son Bijoutier. Elle y envoya sur-le-champ. Ce procédé piqua le Comte; cependant, il déféra à son desir, en lui achetant, dès le soir, tout ce qu'elle voulut, dans l'espérance que la reconnoissance exciteroit chez elle un peu de complaisance & de pitié; mais il fut trompé. Le lendemain matin, le Médecin ayant déclaré que sa maladie étoit la petite vérole, cette fille, sans daigner le voir, emporta tout ce qu'elle put de chez lui, jusqu'aux meubles mêmes qu'elle put faire enlever sans bruit, & elle l'abandonna. Comme elle passoit pour sa femme, personne ne s'opposa à rien; tous les domestiques

exécutoient ſes volontés avec empreſſe-
ment : elle leur avoit inſinué que c'étoit
par ordre de leur maître qu'elle délo-
geoit ; qu'il ne vouloit pas qu'elle s'ex-
poſât à gagner une maladie qui pût outra-
ger ſa figure.

Quand elle eut emporté tout ce qu'elle
voulut, elle lui écrivit une lettre, où
elle lui marquoit que, n'étant pas faite
pour garder un malade, & encore moins
un *petit-vérolé*, elle prenoit le parti de
le quitter ; que ſa maladie ne faiſoit qu'a-
vancer une choſe qui n'auroit pu tarder
beaucoup ; qu'il y avoit déjà long-temps
qu'elle s'ennuyoit de la vie qu'elle me-
noit avec lui ; qu'il ne devoit pas ſe
plaindre d'elle ; qu'elle lui avoit donné
aſſez long-temps la preuve de ſa conſ-
tance ; qu'à la vérité, il l'avoit aſſez
bien payé ; qu'en conſéquence, ils pouvoient

voient se dire quittes l'un envers l'autre ;
& qu'elle lui souhaitoit sa guérison , &
l'acquisition d'une nouvelle maîtresse aussi
constante qu'elle , & aussi digne de lui.

Cette lettre ouvrit les yeux du Comte :
« Que je suis malheureux , dit-il , non
d'être abandonné d'une misérable; mais
» d'avoir quitté une épouse aimable ,
» & qui seule méritoit mon amour !
» Que cette tendre femme seroit sensible à
» ma situation , si elle la savoit ! Elle
» ne m'abandonneroit pas , ni elle , ni
» un père & une mère respectables , à
» qui j'ai sûrement causé mille chagrins.
» O! chère moitié de moi-même , si tu
» pouvois voir mon cœur , sa douleur ,
» ses remords, que tes lèvres adorables au-
» roient bientôt exprimé sur les miennes ,
» ton amour , & mon pardon ! O lien
» sacré! amour conjugal , que je re-

C

» connois ton prix !.... Hélas ! reprit-il,
» après un moment de silence, en pouf-
» fant un soupir, & en laissant échapper
» des larmes ; dans quel accablement
» ai-je dû laisser cette femme char-
» mante, lors de ma fuite criminelle !
» Ma cruauté perfide ne sauroit être
» trop punie. Mais, grand Dieu, prend
» pitié de moi ; que ta justice cède à
» ta clémence en faveur de mon re-
» pentir ! Redonne-moi la santé ; pré-
» serve ma figure de la disgrace dont
» elle est menacée ; rends-moi digne
» d'une épouse adorable, pour laquelle
» seule, je veux conserver mes jours ;
» & fais-moi réparer, par l'amour, des
» fautes que j'ai faites contre l'amour ».

Le Comte, ainsi qu'il a déjà été dit,
étoit très-bel homme, & son foible
étoit de le savoir, & de s'en prévaloir

La Comtesse, pour lui plaire, avoit toujours eu la complaisance de le flatter de ce côté-là, & ne l'appelloit que son *cher Adonis*. Il se rappelloit tout cela à ce moment, & il craignoit de ne pouvoir regagner l'estime de sa femme, s'il venoit à perdre sa beauté. Cette crainte l'agita de manière que la garde, qui étoit occupée dans une pièce d'à côté, le crut dans le transport. Elle courut à lui, en appellant à son secours. Le Comte voyant accourir plusieurs personnes auprès de son lit, devina l'objet de leur frayeur : « Ne craignez rien, » leur dit-il, je suis bien malade ; mais » ce n'est pas du côté de l'esprit, c'est » du côté du cœur ». En même-temps, il répandit une abondance de pleurs, qui le soulagèrent & lui rendirent un calme nécessaire à sa situation. Sa maladie fe développa de manière qu'il ne donna aucune, inquiétude pour fa vie. Son ame fut tranquille pendant quelque temps ; il ne s'occupoit que de fon époufe & du bonheur de fe réunir à elle dès que fa fanté le permettroit.

Lorfqu'il fe trouva mieux, fon premier foin fut de demander un miroir pour examiner l'état de fon vifage. Les gens qui l'entouroient, fentoient le danger qu'il y avoit de lui obéir ; mais aucun n'ofa lui réfifter. En jettant les yeux fur la glace, il jetta un cri, & s'évanouit. On fut obligé de recourir au Médecin pour le rappeller à la vie.

Depuis ce temps, il ne pouffa plus que des gémiffemens, Il écarta tout le monde d'auprès de lui, pour pouvoir foupirer en liberté. « Que vais-je de-
» venir, s'écrioit-il, dès qu'il étoit feul?

» Une femme jeune & aimable pourra-
» t-elle fe réfoudre à fe réunir à un
» monftre qui l'a abandonnée ? Non,
» cette femme que j'ai méprifée me
» dédaignera à fon tour, & je n'aurai
» pas droit de me plaindre. Dans quel
» accablement eft un cœur qui n'a rien
» à oppofer aux reproches qu'il fe fait
» à foi-même ! O défefpoir funefte, en
» quel état me réduis-tu ! Faut-il
» que je renonce à une époufe, dont
» je reconnois tout le mérite, & pour
» qui mon amour accroît tous les jours ?
» Ah ! mon cœur, je fens que tu te
» révoltes à cette penfée. O amour ! fol
» amour ! que tu rends malheureux ceux
» qui ont préféré les faux plaifirs à leur
» devoir » !

Le Comte paffa ainfi plufieurs fe-
maines à fe lamenter. Ses gens avoient

eu l'attention de couvrir toutes les glaces de son appartement. Il leva un jour, en frémissant, la toile qui couvroit un trumeau de sa chambre. Il se vit encore avec horreur, quoiqu'il se trouvât un peu moins hideux que la première fois : & pour s'accoutumer à se voir, il fit ôter toutes les toiles qui couvroient ses glaces.

Un matin, après avoir passé une nuit terrible par l'agitation où le mettoient ses craintes & ses remords, il prit son portrait, le plaça auprès d'une glace, & compara sa figure passée avec la présente. Il ne put retenir ses larmes. « O » Dieu, s'écria-t-il, quelle différence de » moi-même avec moi-même ! Comment pourrai-je reparoître aux yeux » d'une jeune femme que j'ai méprisée? » Quel triomphe pour elle !... Mais » non, reprit-il, la moitié de moi-

» même a part à ma disgrace; elle se
» trouvera humiliée dans ma figure, &
» je la rendrai malheureuse d'un autre
» genre. Misérable que je suis! Je n'existe
» donc que pour son supplice? Aimable
» & chère infortunée, comment pour-
» rai-je réparer tous les maux que je
» te fais? Cependant, il faut opter.
» Est-il un être plus malheureux que
» celui qui n'a ni parent ni ami? Je
» suis dans ce triste dénuement, quoi-
» que j'aie un frère respectable, une
» femme adorable, & un père & une
» mère dans ceux qui lui ont donné le
» jour. Il faut donc que je jouisse de
» mon bonheur; il faut que j'aille im-
» plorer mon pardon aux pieds de cette
» digne épouse, & que je répare mes
» fautes, par mon amour & par mon
» repentir.

C iv

» Mais pourra-t-elle me reconnoître ?
» Pourra-t-elle m'aimer ? O funeste
» pensée ! doute affreux ! M'aimer ? Eh !
» non, non ; je ne suis plus cet ado-
» nis à qui elle prodiguoit ses caresses ;
» je ne suis plus qu'un monstre qui fait
» horreur, & qui ne mérite que ses
» dédains. Cruelle maladie, qui ravage
» la partie la plus frappante de notre
» être !.... Que ferai-je donc, reprit-
» il encore, après avoir poussé plusieurs
» soupirs en silence ? A qui me récla-
» mer dans cette extrémité ? A qui ? Eh !
» à un frère, qui m'a toujours aimé ;
» qui, depuis vingt-deux ans, me tient
» lieu de père & de mère ; qui, mal-
» gré ma résistance à ses bons avis ;
» ne me refusera pas ses conseils ; &
» qui, par son crédit & sa faveur,
» saura me rendre favorable le cœur

» d'une femme qu'il eſtime, & que je
» veux rendre à jamais heureuſe; il
» ſaura lui inſinuer pour moi de la
» compaſſion & de la clémence. Ah !
» ne balançons pas à le voir, & à
» lui faire des aveux humilians, mais
» ſalutaires ».

Il paſſa auſſi-tôt dans ſon cabinet,
& écrivit à l'Abbé. Il contrefit ſon écriture, & lui marqua ſeulement, qu'é-
tant retenu chez lui par une ſuite de
maladie, il ne pouvoit avoir l'honneur
d'aller le trouver, pour lui communiquer une affaire; qu'en conséquence,
il le prioit de paſſer à ſon hôtel, le plutôt qu'il lui seroit poſſible. Il ſigna ce
billet de ſon faux nom de *Baron de
Château-Vieux*, le cacheta, & l'envoya
ſur-le-champ par un domeſtique, le Jeudi
18 Septembre 1738.

C v

L'Abbé reçut ce billet comme il finissoit de déjeûner. Il le lut, & se détermina à aller tout de suite savoir de quelle importance étoit cette affaire dont on lui parloit dans ce billet. Il y fut dans une voiture de louage.

Il arrive chez le Comte, qui, dès qu'il l'apperçoit, court au devant de lui, & lui demande des nouvelles de sa belle-sœur. L'Abbé étonné, répond qu'il a une nièce, & non pas une belle-sœur. Le Comte jette un cri & s'évanouit. L'Abbé surpris & inquiet, appelle à son secours : il questionne les domestiques, qui lui disent que leur maître a une épouse que lui-même a forcée de s'éloigner de lui, à cause de sa maladie ; mais que depuis plus d'un mois qu'elle l'a quitté, elle n'a pas fait demander une seule fois de ses nouvelles ;

que depuis quelque temps, leur maître est triste , & qu'ils pensent que c'est à cause de l'indifférence de sa femme. Ce discours ne mit que plus d'obscurité dans les idées de l'Abbé, qui tâchoit de trouver dans les traits du Baron, ceux de son frère.

Le Comte, après quelques momens, ouvre les yeux, fait retirer ses domestiques, & fond en larmes. L'Abbé ému de pitié, le pria de lui ouvrir son ame, s'il le croyoit capable de lui donner de la consolation. Quelle consolation puis-je recevoir, dit le Comte, en sanglotant ? Il n'en est plus pour moi , puisque ma femme est morte. Eh! reprit-il, tout de suite, je m'égare! Il en est encore une. Si vous avez une nièce, j'ai donc laissé me femme enceinte? J'ai donc le bonheur d'être père ? Ces dernieres paroles frappèrent l'Abbé, qui dit au Comte, en le fixant : « Les traces d'une maladie cruelle, Monfieur, nuifent à vos traits : je vous ai vu autrefois, je crois vous connoître, & cependant je ne puis dire qui vous êtes. Si je fuis votre ami, je vous le répète, ouvrez-moi votre ame, & comptez fur mon zèle & ma difcrétion ».

Le Comte comprit, par ces paroles, que l'Abbé ne le remettoit pas entière-ment. Confus & troublé, il fe jette à fes pieds : « C'eft un frère malheureux, » mais converti, que vous voyez à vos » pieds, dit-il, en embraffant fes ge- » noux ; mon repentir & mes remords » égalent mes offenfes : mais hélas ! mes » vœux font inutiles ; la mort d'une » époufe adorable m'ôte le moyen de » les réparer. O mon cher frère ! mon » cœur fuccombe ; il eft accablé !.... »

En difant cela, fon cœur, effectivement
fe ferra, & il s'évanouit pour la feconde
fois.

Alors, la tendreffe de l'Abbé, qui
reconnoît fon frère, fe réveille; il le
plaint, il le relève, l'affied dans un fauteuil; il lui parle, pour le tirer de
l'erreur où il l'a mis innocemment; il
lui dit que fa femme vit; qu'elle l'aime:
& par fes foins & fes paroles, il le rappelle à la vie. *Ma femme vit*, répète le
Comte, en ouvrant les yeux? L'Abbé
l'en affure, lui dit qu'elle fe porte bien,
& l'invite à lui parler à cœur ouvert,
& avec confiance. Le Comte encouragé
par ces paroles, lui fit alors un détail
circonftancié fur fa vie, depuis fa difparition.

L'Abbé, content de ce que fon
frère n'avoit pas donné dans un liber-

tinage outré, ne lui fit que de foibles reproches, qu'il accompagna de mille marques d'affection & d'attendrissement sur son état. Il embrasse son visage défiguré, lui apprend que son épouse demeure avec ses père & mère ; qu'elle a repris le nom de *Mademoiselle de Pré-Fleuri* ; qu'elle veut passer pour fille jusqu'à son retour ; qu'elle ne l'appelle plus, lui, son frère, mais son oncle, & que c'étoit à cause de cela, qu'il lui avoit dit n'avoir point de belle-sœur ; mais qu'il avoit une nièce ; & il l'exhorta à reprendre courage, pour se réunir à une des plus belles femmes de la Capitale. Il lui apprit alors le changement avantageux qui s'étoit fait dans toute sa personne, & la nécessité où sa beauté la mettoit, de se soustraire à la vue du monde, pour n'être point inportunée par des adorateurs. Il lui expofa la fageffe de fa conduite, fon courage pour foutenir l'adverfité, fa grandeur d'ame, pour paroître tranquille au milieu des agitations de fon cœur, & fa follicitude, pour gagner tous les cœurs en fa faveur. Il lui répéta ce qu'elle difoit fouvent, qu'elle aimoit fon mari plus que jamais, & que tout fon defir étoit, que chacun l'aimât autant qu'elle. A cette occafion, il lui raconta une chofe arrivée depuis peu.

« Etant chez fes père & mère, dit-
» il, où je fuis toujours, quand ils ne font
» pas chez moi, j'étois à jouer une partie
» de dames avec elle. Je m'apperçus
» qu'à chaque inftant, fes yeux fe rem-
» pliffoient de larmes, & qu'elle étouf-
» foit des foupirs. Affuré que je ne
» gagnerois rien à lui faire connoître
» que je m'appercevois de l'agitation de

» son ame, je me tus. Après la pre-
» mière partie, que je perdis exprès,
» je quittai le jeu, pour lui laisser la
» liberté d'aller se soulager. Elle ne man-
» qua pas de le faire ; elle courut à son
» appartement ; mais je l'avois prévenu
» le moment d'avant, en allant m'en-
» fermer dans un cabinet où couche
» la nourrice-bonne, & qui touche à sa
» chambre, où elle arriva un instant
» après. Je l'examinai par le trou de la
» serrure : elle entra, ferma la porte
» sur elle, se jetta sur un fauteuil,
» donna passage à un sanglot qui pa-
» roissoit la suffoquer, & dit ces pa-
» roles en fixant ton portrait : *Ah !*
» *mon cher Adonis, où est-tu ? Que fais-*
» *tu ? Quels présens m'as-tu faits ? Que*
» *signifient-ils ? Garderas-tu encore long-*
» *tems un silence cruel ?* En disant cela,

» elle répandit une abondance de larmes,
» & ajouta : *Pleurez, mes yeux, pleurez ;*
» *hâtez-vous d'emplir le vase fatal pour*
» *recevoir le mouchoir de consolation.* In-
» trigué des paroles que je venois d'en-
» tendre, continua l'Abbé, je me dé-
» terminai, pour la première fois, à
» aller la surprendre au milieu de ses
» pleurs, & à la forcer de m'ouvrir
» son cœur. Pour avoir la liberté de
» continuer mon stratagême dans le ca-
» binet où j'étois, j'en sortis par l'es-
» calier dérobé, & je m'en fus par son
» salon, frapper à la porte de sa chambre.
» Elle ne répondit pas. Mais pour la forcer
» de parler, je lui dis que je la savois
» là, que je l'avois entendue, & que je
» la priois de m'ouvrir. Elle le fit ; & ce
» qui m'étonna, je lui trouvai un visage
» riant. Quelle métamorphose , ma

» nièce , lui dis je , en lui marquant ma
» furprife ! quoi ! le même moment vous
» voit noyée dans les larmes , & nager
» dans la joie ? Elle fut décontenancée.
» Voyant par le foulèvement de fon
» fein qu'elle étouffoit, je lui dis que
» mon intention n'étant pas de la con-
» traindre, mais de la confoler, je lui
» demandois en grace, de r'ouvrir le
» paffage à fes pleurs, & de m'en dire
» le fujet. J'y confens, mon oncle, me
» dit-elle auffi-tôt, en redonnant un
» libre cours à fes larmes. Elle les laiffa
» couler quelques momens. Après quoi,
» elle reprit : vous allez vous mocquer
» de moi, mon cher oncle ; mais il n'im-
» porte, il faut que je vous confeffe mes
» foibleffes, afin que vous m'aidiez à
» les furmonter. Ce n'eft qu'un fonge
» qui m'agite , comme vous voyez.

» Toutes les nuits mon mari occupe mon
» efprit comme mon cœur. Cette nuit,
» j'ai eu un fonge qui m'effraie & m'in-
» quiète. Le voici : J'étois à votre terre ;
» & , accablée par la chaleur, je m'en
» fus feule prendre le frais fous le grand
» berceau de votre jardin. Là , m'oc-
» cupant de l'image de mon mari , il
» m'apparut , tenant un enfant en maillot
» dans fes bras. Cette apparition me
» troubla. Je le fixai pour lire dans fes
» yeux. Ils m'intimidèrent : fans me
» lever, je lui tendis des bras tremblans.
» Il y dépofa l'enfant qu'il tenoit. Je
» retirai mes bras , en lui difant : Je
» ne veux point de cet enfant, mon
» ami, c'eft toi que je veux. L'enfant
» refta fur mes genoux, & mon mari
» difparut. Comme j'étois appliquée ,
» continua-t-elle , à regarder cet enfant,
» qui me fourioit , je vis reparoître mon

» mari, qui tenoit à ſes mains un vaſe,
» & un mouchoir. Il me préſenta l'un
» & l'autre, en me diſant : voici, Ma-
» dame, un vaſe pour recevoir vos
» larmes, & un mouchoir pour les eſ-
» ſuyer. Ces nouveaux préſens m'effrayè-
» rent & me troublèrent ſi fort, que je
» m'éveillai. Repaſſant ce ſonge dans
» ma mémoire, je le trouvai ſiniſtre,
» ſignificatif. Mille réflexions confuſes
» & triſtes ſuccédèrent, & me firent
» paſſer le reſte de la nuit dans les pleurs;
» & je ne puis encore penſer à ce ſonge,
» ſans frémir & ſans m'allarmer. En
» diſant cela, continuoit toujours l'Abbé,
» elle jetta des yeux pleins de larmes
» ſur ton portrait, & les eſſuyant pour
» le mieux voir, elle ajouta : eſt-il éton-
» nant, qu'une femme s'intéreſſe ſur le
» ſort d'un mari, auſſi beau & auſſi

(69)

» aimable ? Je lui dis là-deſſus, que ſon
» mari étant mon frère, j'étois bien éloi-
» gné de vouloir l'indiſpoſer contre lui ;
» mais que je ne pouvois pas m'empê-
» cher de lui dire, qu'il ne méritoit pas,
» de ſa part, tant de tendreſſe & tant
» d'inqu    e : que pour ſon ſonge, je
» le re     ıs comme tous les autres,
» digne    ɔubli & de mépris ; & que
» je l'exhortois à ſe mettre au-deſſus
» des petiteſſes du commun des femmes,
» à qui elle étoit en tout ſi ſupérieure.
» Elle feignit de ſe rendre à mes rai-
» ſons, ajouta l'Abbé ; mais j'ai ſu, par
» la nourrice-bonne, qu'elle s'en occupe,
» & qu'elle en redoute encore les ef-
» fets ».

A ce moment, une pendule vint à
ſonner. Le Comte la regarda, & dit à
l'Abbé : l'heure du dîner approche ;

aurois-je le bonheur, mon cher frère, de vous voir accepter à dîner. Oui, mon cher ami , lui dit l'Abbé , je l'accepte avec plaifir. Le Comte treffaillit de joie, lui baifa la main, & lui dit, que dans fes plaifirs illicites , il n'avoit jamais goûté une joie auffi pure que celle qu'il goûtoit à ce moment. J'ai cependant, ajouta-t-il, bien des craintes : je remets à vous les expofer après le repas. On tarda peu à fervir. On dîna , en s'entretenant de chofes vagues devant les domeftiques.

Le Comte avoit prêté une grande attention au difcours de l'Abbé fur la Comteffe. Après le dîner, il dit à fon frère, en foupirant, que le fonge de fa femme ne l'inquiétoit ni ne le flattoit ; mais que les paroles qui avoient accompagné fon récit, l'effrayoient ; qu'elle admiroit dans fon portrait, fa belle figure paffée, &

qu'elle abhorreroit dans fa perfonne, fa difformité préfente ; que fon amour pour elle étoit extrême, & qu'il craignoit de n'être plus aimé ; que s'il avoit ce malheur, il ne lui feroit plus poffible de vivre ; qu'il penfoit bien qu'elle feroit affez bonne pour lui pardonner, & affez vertueufe pour remplir fes devoirs ; mais que cela ne lui fuffifoit pas ; qu'il lui falloit fon cœur & toute fa tendreffe & qu'il trembloit qu'elle n'eût pas la force de l'aimer avec fa laideur.

L'Abbé lui dit qu'il ne voyoit pas pourquoi il fe trouvoit fi laid ; que quand les rougeurs de la maladie feroient diffipées, il n'y auroit rien en lui de fi défagréable ; qu'il ne feroit que piqué de petite-vérole, comme bien d'autres ; qu'au furplus, ces marques ne meffioient point aux hommes ; que cela leur devenoit avantageux même , en leur donnant un visage plus mâle ; & que lui, sur-tout, qui ressembloit plus à une femme qu'à une homme, y gagneroit plus qu'un autre ; que cependant, il ne laissoit pas de craindre aussi que la Comtesse ne fût mortifiée de son changement, parce qu'il remarquoit toujours que, lorsqu'on vantoit la beauté d'un homme, elle s'empressoit de dire que son Adonis l'emportoit.

Je suis donc perdu, s'écria le Comte, les yeux pleins de larmes! Ma femme ne m'aimera plus! Est-il un malheur plus grand que celui d'être haï d'une épouse qu'on adore? O mon frère, ( en le serrant dans ses bras ) prenez pitié de moi; cherchez, imaginez un moyen de me rendre son cœur favorable; réunissez-moi à cette femme adorable , qui me devient chère de plus en plus, & à qui

je

je veux facrifier tous les momens de ma vie, pour réparer mes offenfes, & faire fon bonheur.

L'Abbé refta quelque temps rêveur; après quoi, il dit au Comte qu'il approuvoit fes craintes; qu'il lui confeilloit même de ne fe montrer à la Comteffe, que quand fes rougeurs feroient paffées; qu'il faudroit alors fe rencontrer fouvent avec elle, avant de fe faire reconnoître, pour l'accoutumer à fa figure; qu'il faudroit même encore travailler à gagner fon eftime, & à s'infinuer dans fon cœur, pour y rencontrer de l'amour au moment qu'il fe diroit fon mari; en un mot, qu'il falloit agir de concert pour l'amener à le trouver aimable, & la perfuader qu'elle feroit plus heureufe d'avoir un mari laid comme lui, mais délicat & tendre, qu'un, comme

D

son Adonis, infatuée de sa figure, &
n'aimant que lui.

Le Comte goûta toutes ces raisons ; &,
dès ce moment, il fut réglé entr'eux
que quand son visage le permettroit,
le Comte se rendroit à la terre de l'Abbé ;
& que là, l'Abbé le présenteroit à la
Comtesse, sous son faux nom de *Baron
de Château-Vieux*, & comme fils d'un
Seigneur de Province, avec qui il avoit
été autrefois très-lié. Après cet arrange-
ment, l'Abbé quitta le Comte, en lui
promettant de le venir voir souvent. Il
se fit ramener chez lui, & ne dit rien
à personne de ce qui venoit de se passer.

Voilà donc enfin l'Abbé de Grand-
Pont qui a vu son frère, & qui sait
à quoi s'en tenir sur son compte. Mais
sa pauvre femme va être encore quatorze
mois sans savoir de ses nouvelles : elle le

verra, lui parlera fans le reconnoître ; & au milieu de fon bonheur, elle fera encore malheureufe.

Depuis ce temps, c'eft-à-dire, pendant fept mois, l'Abbé ne manqua pas d'aller chez le Comte plufieurs fois chaque femaine, & toujours *incognito*. Quand il étoit avec lui, il ne lui parloit que des vertus de la Comteffe, de fes charmes, de fes talens, que depuis fon départ elle entrenoit avec foin. Le Comte l'écoutoit avec une attention & un plaifir extrême, & le prioit fouvent de recommencer : il étoit toujours avide de ces converfations qui fomentoient en lui un amour qu'il chériffoit ; & il attendoit avec une vive impatience, le moment de le voir accroître encore par la vue de celle qui en étoit l'objet. Mais il falloit que tout l'hiver fe pafsât.

D ij

Enfin fes rougeurs fe diffipèrent. Après Pâques, le Comte, pour être plus inconnu à la Comteffe, prévint l'indif. crétion de fes domeftiques par un congé général ; il les renvoya tous, & en prit de nouveaux. Après quoi, le 15 Avril 1759, il abandonna l'hôtel qu'il occupoit, & il partit pour la terrre de l'Abbé. En recevant fes adieux, l'Abbé l'affura de fon zèle & de fa difpofition à le fervir auprès de fon époufe. Et comme fon frère, il renvoya tous fes domeftiques, & en prit de nouveaux.

Pour commencer à lui tenir parole, l'Abbé, dès qu'il fut parti, alla trouver le Marquis, la Marquife & la Comteffe, & leur dit que, depuis peu, il avoit renouvellé connoiffance avec le Baron de Château - Vieux, fils du Vicomte & de la Vicomteffe de ce nom,

avec qui il avoit été autrefois très-lié ,
& pour qui il avoit toujours eu beaucoup de vénération & de refpect ; que
cet ami lui ayant témoigné quelque defir de paffer l'été à la campagne, avant
de prendre un hôtel dans Paris, où
il avoit deffein de fe fixer , il s'étoit
fait un plaifir de lui offrir un logement
à fa terre , qu'il avoit accepté auffi - tôt ,
& que même , il venoit de partir. Il
ajouta, que le plaifir de l'obliger le tou-
choit moins que celui de leur procurer,
à eux , la compagnie d'un homme de
mérite , dont la fociété ne pourroit que
leur être agréable dans un lieu ifolé.

Le Marquis & la Marquife parurent
fort contens de ce nouvel hôte. La Comteffe n'en fut pas fatisfaite ; elle dit qu'un
nouveau vifage l'intriguoit ; qu'elle craignoit pour fa liberté & fon repos ; &
D iij

elle pria l'Abbé de prévenir ce désagrément aussi-tôt son arrivée, en découvrant son mariage au Baron, & en le priant de s'observer auprès d'elle. L'Abbé lui dit que, comme il étoit toujours désagréable de découvrir les défauts des personnes qui nous touchent, ainsi que ses disgraces personnelles, il croyoit de la prudence de se taire là-dessus tant qu'on ne seroit point contraint par la nécessité d'en agir autrement; que d'ailleurs, le Baron ne lui parlant point de son frère, il étoit à présumer qu'il l'avoit oublié; que ne pouvant le lui rappeller à la mémoire, sans risquer de lui inspirer pour lui du mépris, il croyoit raisonnable de le laisser dans son oubli. Ces réflexions déterminèrent la Comtesse à passer pour fille aux yeux du Baron.

Pour satisfaire à sa promesse & aux

deſirs du Comte, l'Abbé partit pour ſa terre avec la Marquiſe, le Lundi, 20 Avril, huit jours avant la Comteſſe, qui ne s'y rendit que le 27, avec le Marquis. Les choſes avoient été réglées ainſi, pour voir l'impreſſion que feroit la figure du Comte, ſur la Marquiſe, & pour agir en conſéquence, vis-à-vis de la Comteſſe : mais le Comte étoit ſi changé, non-ſeulement par les marques de ſa petite-vérole; mais encore par ſon teint bruni, par plus d'embonpoint, & par le ſon de ſa voix, qu'il avoit plus mâle, que la Marquiſe ne le remit point du tout. Malgré ſa prétendue laideur, elle le trouva aimable, & ſe félicita d'avoir ſa compagnie.

Comme on ignoroit l'heure à laquelle le Marquis & la Comteſſe devoient arriver, on les attendit ſans aller au-devant d'eux. Le Comte alors étoit dans une émotion impossible à décrire. Un battement de cœur continuel étoit, de sa situation, le moins accablant. Enfin, sur les six heures du soir, la voiture parut dans l'avant-cour du château. Le Comte y vole, voit son épouse, est frappé & ébloui de ses charmes ; il lui donne une main tremblante pour descendre, la conduit dans un salon, où se voyant auprès d'elle dans une glace, il s'évanouit. Tout le monde s'empressa autour de lui pour le secourir, excepté la Comtesse.

Quand il eut repris ses sens, l'Abbé, sous prétexte de lui faire prendre l'air, l'emmena au jardin, où il lui fit des reproches tendres sur sa foiblesse & sa sensibilité. Le Comte lui dit qu'il lui étoit impossible de se vaincre ; qu'il sentoit que son amour étoit au comble, ainsi que son humiliation ; que son époufe étoit vengée & lui malheureux ; qu'il l'adoreroit toujours, qu'elle ne l'aimeroit jamais, & qu'il se trouvoit dans la situation du monde la plus critique & la plus cruelle. L'Abbé le consola, en lui difant que fa figure n'étoit pas si affreufe qu'il l'imaginoit ; que les yeux s'accoutumoient à tout ; qu'il voyoit que la Marquife l'aimoit déjà ; qu'il efpéroit que dans peu, la Comteffe le trouveroit aimable de même ; & qu'il ne falloit que prendre courage pour jouer le rôle d'étranger, puifqu'il ne paroiffoit pas qu'il dût fe faire reconnoître fi-tôt. Ils retournèrent dans la compagnie.

Le Comte, fans pouvoir ôter les yeux de deffus fa femme, étoit comme en extafe. L'heure du fouper vint : on fe

D v

mit à table. Le Comte ne put manger. Chacun s'apperçut de l'agitation de fon cœur. L'Abbé feul en favoit l'objet. La Marquife qui l'aimoit déjà, le plaignit & l'aima davantage. Sur la fin du fouper, l'Abbé pria, fupplia la Comteffe de chanter. Depuis la difparition de fon mari, elle avoit cultivé fes talens avec foin, & fa voix s'étoit extrêmement embellie. Elle chanta, par complaifance. Le Comte, les yeux fixés fur elle, l'écouta & refta immobile, encore après, à la regarder. Que dites-vous de cette voix, M. le Baron, lui dit alors l'Abbé? Que fignifie ce filence? Eft-il un blâme, ou un applaudiffement? Pour louer une voix célefte, répondit le Comte, il faudroit un langage divin : pour moi, j'admire & je me tais. Le compliment eft délicat, repartit l'Abbé, & il eft mérité.

La Comtesse n'y répondit qu'avec une inclination timide, & une rougeur charmante. Pour donner le temps aux arrivans de se reposer, on se retira de bonne heure.

Le Comte alors courut à l'appartement de l'Abbé, qui le railla sur son air sot : est-ce que tu n'aurois pas dû claquer des mains, lui dit-il, quand ta femme a chanté ? Tu étois comme un nigaud qui tombe des nues. Ah ! mon cher frère, répondit-il, je suis dans une situation à ne pouvoir décrire ; je ne sais que dire, que faire. Que je paie cher mes sottises ! Qu'il m'est cruel de me priver d'une épouse qui réunit tous les charmes !... En disant cela, un sanglot sortit de sa poitrine, & il laissa couler quelques larmes. Après s'être un peu soulagé, il reprit : encore, si je pouvois me flatter de lui plaire un jour ; mais hélas ! ma crainte l'emporte fur mon efpoir. A ces paroles, fuccéda un profond foupir. L'Abbé, touché de fa fituation, le confola en ranimant fon efpérance, & en l'exhortant à foutenir, avec courage, le rôle qui devoit néceffairement précéder fa réunion avec fa femme.

Le lendemain matin, la Comteffe, à fon tour, fut trouver l'Abbé en particulier. Je fuis, lui dit-elle, dans une frayeur mortelle ; votre ami a le cœur fenfible. Hier, en arrivant, il m'a préfenté une main tremblante ; il s'eft évanoui ; il n'a pu m'entendre chanter fans trouble : l'amour eft, je crois, l'auteur de fon défordre. Si vous l'aimez, tirez-le de fon erreur, par rapport à moi. En lui rendant fervice, vous m'obligerez, vous me conferverez un repos dont j'ai abfolument befoin.

Si vous aimez toujours votre mari, lui dit l'Abbé, vous devez, au contraire, m'engager à garder le filence. Plus vous êtes aimable aux yeux du Baron, plus votre mari lui paroîtra coupable, & plus il le méprifera. Voudriez - vous le rendre odieux à tout le monde ? D'ailleurs, ajouta-t-il, vous n'avez rien à craindre de mon ami ; & l'effet de vos charmes fur fon cœur, doit être pour vous un plaifir anticipé fur celui qu'ils feront un jour fur le cœur de votre époux. Cette ré-flexion plut à la Comteffe : elle reprit un air de fatisfaction qui augmenta fes charmes , & qui captiva encore plus le cœur timide du Comte.

Cependant, en peu de temps, le Comte eut la fatisfaction de fe voir l'ami des uns & des autres. L'Abbé le chériffoit, le Marquis l'eftimoit, la Marquife l'ai-

moit comme un véritable ami , la Comteffe le fouffroit. C'étoit beaucoup pour
elle ; car fon mari régnoit fur fon cœur
avec plus d'empire que jamais ; & elle
avoit la délicateffe de fe reprocher les
moindres faveurs qui lui échappoient
quelquefois pour le Baron. Comme elle
avoit beaucoup de confiance en l'Abbé,
elle lui ouvroit fon ame , & lui difoit
que l'amitié de fes père & mère pour
fon ami, l'obligeoit à avoir , pour lui,
des complaifances dont elle fe repentoit
fouvent : oui, difoit-elle, une fleur de
fa main me déplaît ; je voudrois, jufqu'au
retour de mon mari , ne voir perfonne,
pour ne m'occuper que de lui, ne ref-
pirer que pour lui , & lui réferver jufqu'à l'ombre même des faveurs.

L'Abbé répétoit tout au Comte qui
fe trouvoit tout-à-la-fois & flatté & mor-

tifié des difpofitions de fa femme. « Que
» ma fiutuation eft cruelle, difoit-il
» à fon frère! plus la Comteffe aime
» fon mari, plus elle me haït : plus
» elle le trouve aimable, plus je lui pa-
» roîs hideux. C'eft fon Adonis qu'elle
» aime, & par conféquent ce n'eft pas
» moi ; cependant plus je la vois, plus
» je l'adore ; & plus je l'adore, plus je
» m'apperçois de fon indifférence, qui,
» quand elle faura que je fuis fon époux,
» dégénérera en dédains & en mépris ».

Le Comte, toutefois, mettoit tout
en œuvre pour fe faire aimer de la Comteffe. Tous les jours, il imaginoit de
nouveaux amufemens & de nouvelles
fêtes, & elle les acceptoit avec une froi-
deur qui le décontenançoit : jamais je
ne parviendrai à me faire aimer, difoit-
il douloureufement à l'Abbé ; fon cœur

eſt pris pour ſon bel Adonis, ſon laid mari n'a plus rien à y prétendre. En diſant cela, il pouſſoit de profonds ſoupirs, & laiſſoit couler des larmes qui attendriſ-ſoient extrêmement l'Abbé.

Le 6 Juillet, on partit pour la terre du Marquis, où la Comteſſe ſe plai-ſoit peu. Le Comte, dont la compa-gnie étoit devenuë néceſſaire, fut de la partie. Là, les plaiſirs furent à peu près les mêmes. L'amour du Comte, l'indif-férence de la Comteſſe en étoient auſſi au même point, quant ils en repartirent : ce fut environ un mois après. Comme la Marquiſe & la Comteſſe s'appelloient *Marie*, le Comte voulut leur donner une fête particulière à la terre de l'Abbé. Les deux frères s'y rendirent huit jours avant le Marquis & les Dames, qui y arrivèrent préciſément la veille de l'Aſfomption pour le dîner. Ces deux terres n'étoient qu'à fix lieues l'une de l'autre.

Ils trouvèrent, fur l'avenue du château, le Comte & l'Abbé, accompagnés d'un nombre de leurs amis du voifinage, tant Meffieurs que Dames, que l'Abbé avoit invités exprès pour rendre la fête plus complette. De jeunes garçons & de jeunes filles, habillés en bergers & en bergères, jonchoient le chemin de feuilles & de fleurs. A leur arrivée au château, une fymphonie de toutes fortes d'inftrumens frappèrent leurs oreilles. Un dîner fplendide fuivit. Une danfe champêtre, exécutée par les bergers & les bergères, firent paffer une après-dînée agréable, qui le céda encore à une foirée délicieufe : une illumination, une collation exquife & délicate, un bal en forme, pouffé très-avant dans la nuit, rendit la Comtesse aussi gaie que charmante, & le Comte plus amoureux que jamais. Le Comte étoit grand danseur. La Comtesse, comme je l'ai déjà dit, avoit cultivé tous ses talens avec soin; de sorte qu'elle ne le cédoit au Comte en rien. Elle dansa, charma tous les spectateurs, & son mari en particulier, qu'elle ne reconnoissoit toujours pas. Elle réunissoit en sa personne, la beauté, la taille & les graces d'une Déesse. Le Comte eut pour la première fois, le plaisir de se voir, par elle, préféré à tout autre : elle le prit souvent pour danser; il en fit de même; & l'accueil favorable qu'il en reçut, lui fit espérer qu'il ne tarderoit pas à devenir le plus heureux des hommes. Il ne fut reconnu d'aucun de ses voisins : son teint bruni, & l'embonpoint qu'il avoit pris avant &

depuis sa maladie, contribuoient autant à le rendre méconnoissable, que les marques de la petite-vérole.

Tous les soirs, quand chacun étoit retiré, il ne manquoit pas d'aller passer une heure auprès du lit de l'Abbé, qui étoit couché alors, pour lui rappeller tout ce qui s'étoit passé dans la journée touchant sa femme. Le plus souvent, c'étoit des lamentations sur son sort. Ce soir-là, ce fut des félicitations : « Je » crois, mon frère, lui dit-il avec dé- » lectation, que je vais enfin devenir » heureux ; la Comtesse m'a marqué » ce soir une préférence dont je suis » extrêmement flatté. Qu'elle est ai- » mable ! que de beautés, que de graces » dans toute sa personne ! Mais n'admi- » rez-vous pas ma force, ma sagesse ? » Qui est l'homme qui, comme moi,

⁝ fît céder fa paffion à fa raifon ? Ah !
⁝ c'eft que l'amour véritable veut un
⁝ amour pareil ; il veut que le cœur foit
⁝ de la partie pour compléter fon bon-
⁝ heur ⁝.

L'Abbé lui dit qu'effectivement, il l'admiroit ; & qu'à fa place, il n'auroit pas autant de force ; qu'il le plaignoit fouvent ; & que quand la compagnie feroit partie, il falloit imaginer un moyen de gagner un peu le cœur de fon époufe, pour en venir enfin à fe faire reconnoître. « Oui, dit le Comte, il faut que mes
⁝ maux prennent fin, ou qu'ils montent
⁝ à leur comble. Depuis plufieurs mois,
⁝ je fuis dans le martyre, fans avoir pu
⁝ encore tirer aucun fruit ; mais je fens
⁝ bien que je fuccombe, & que je ne
⁝ pourrai fupporter encore long-temps
⁝ la dûreté de ma fituation ⁝. La com-

pagnie partit deux jours après la fête.

Le lendemain mardi, 18, pendant le dîner, l'Intendant du Comte arriva au château. Il faisoit aussi les affaires de l'Abbé, & il venoit pour le consulter sur différentes choses. En traversant la cour sur son cheval, il passa devant les fenêtres de la salle à manger. Il y jetta les yeux, & à l'instant, il reconnut le Comte. Il fit un *ha !* de joie & de surprise, que personne heureusement ne comprit, excepté l'Abbé & le Comte. De peur d'indiscrétion, l'Abbé quitta la table, & courut à lui. Cet homme lui dit tout de suite : *Ah ! monsieur, que je suis bien aise ! Monsieur le Comte est de retour ; mais la petite-vérole l'a bien gâté.* L'Abbé lui dit que le retour de son frère étoit un secret; que sa femme, ni personne ne l'avoit encore reconnu ;

& qu'il falloit abfolument fe taire fur lui. Cet Intendant étoit un homme rare dans fon état , pour la probité, la fageffe & la prudence. Après le dîner, le Comte fut à lui, fous prétexte de lui demander quelques fervices. Il lui témoigna le plaifir qu'il avoit d'être reconnu par lui. Il lui remit en main pour trente mille livres d'effets Royaux qui lui reftoient , afin qu'il aille en recevoir les rentes ; & dès le lendemain matin, il le congédia, de peur de fe rahir lui-même en lui parlant.

Quand l'Intendant fut parti, on déjeûna. Après le déjeûner, l'Abbé, pour commencer à exécuter fes projets, prit fon violon, fur lequel, ordinairement il jouoit des cantiques ou des hymnes, mais ce jour-là, il fervit à jouer des menuets. Il invita le Comte & la Comteſſe à danſer enſemble. Et s'adreſſant à Madame de Pré-Fleuri, il dit : je n'ai jamais, Madame, de plaiſir plus grand, que quand je vois Monſieur le Baron danſer avec ma nièce. Son intention étoit moins de les voir danſer, que de donner occaſion au Comte de prendre le violon ; dont il jouoit divinement bien. Effectivement, après avoir danſé avec la Comteſſe, le Comte prit le violon, en invitant ſon frère à danſer avec elle à ſon tour. Au premier coup d'archet, la Comteſſe reſta interdite, & ſes yeux ſe remplirent de larmes, qu'elle eſſuya en fraude. L'Abbé & le Comte s'en apperçurent, & firent ſemblant de n'en rien voir. Elle danſa avec moins de grace. L'Abbé s'en plaignit en riant, & en félicita le Comte. La Comteſſe en eut du dépit. L'heure du dîner vint ; on se mit à table. Au deſſert, l'Abbé invita le Comte à chanter. Il le fit pour la première fois. Juſqu'à ce temps-là, il avoit évité de le faire, de peur d'être reconnu par ſa voix, avant d'être parvenu à plaire. J'ai déjà dit qu'il l'avoit plus mâle : mais c'eſt qu'il craignoit que la différence en fût moins ſenſible dans le champ que dans le parler. La Comteſſe fut frappée de ſa mélodie, & non de ſa reſſemblance avec celle de ſon mari. Elle écouta le Comte avec un ſingulier plaiſir, & lui fit des reproches flatteurs d'avoir tardé ſi long-temps à lui donner la ſatisfaction de l'entendre.

Après le dîner, le Marquis fit ſa méridienne. La Marquiſe dit qu'elle avoit une lettre à écrire; & l'Abbé s'en fut dans ſa chambre, où le Comte alla le trouver un moment après. Là, ils

s'entretenoient

s'entretenoient de la Comtesse ; quand l'Abbé, qui étoit près d'une des fenêtres, entendit qu'elle lui disoit, du Jardin où elle se promenoit, qu'elle alloit monter auprès de lui. Elle le croyoit seul. Le Comte, curieux de l'entendre causer librement, se cacha dans la garde-robe de l'Abbé, & fut témoin d'une conversation dont il fut entièrement l'objet.

« Je viens vous gronder, dit-elle à l'Abbé, » en entrant. Vous êtes bien cruel, de » me faire des reproches, vous qui savez » ma situation : le Baron jouoit si bien » du violon qu'il me sembloit entendre » mon mari : étoit-il étonnant qu'il fixât » toute mon attention ? Je voudrois tou- » jours l'entendre jouer du violon, ou » chanter, tant il a de rapport en cela » avec mon cher Adonis. » L'Abbé lui dit qu'il n'étoit pas jaloux des préférences

E

qu'elle donnoit à son ami sur lui ;
que ce qu'il lui avoit dit n'étoit qu'un
badinage, qui marquoit, de sa part, un
contentement plutôt qu'un déplaisir. Le
Baron, ajouta-t-il, est un si bon garçon,
il vous aime tant, & il est si timide, que
j'ai un plaisir singulier quand je vous vois
avoir pour lui quelques déférences.

« Oh! ne croyez pas, reprit la Com-
» tesse, que les égards que je lui mar-
» que soient pour lui, ils sont tous
» pour mon mari. Si je ne remarquois
» pas en lui quelque chose de ce cher
» fugitif, il ne trouveroit en moi qu'une
» froide indifférence. » Tant-pis, dit
l'Abbé ; car c'est une ingratitude de
votre part, & les ingrats sont toujours
méprisables. Je crois pour-tant, ajouta-t-il,
que si vous saviez combien son amour
pour vous est extrême, vous lui sçauriez

quelque gré.... « Moi, lui savoir quel-
» que gré de son amour , interrompit-
» elle avec feu ! Eh ! je ne suis pas à
» m'appercevoir de sa tendresse , & je
» vous assure que je ne la lui pardonne
» qu'à cause de son silence. S'il vient à
» le rompre, je ne garde plus de mesure.
» Je ne lui dirai pas que je suis mariée ;
» mais je lui dirai que je suis promise ;
» que mon cœur n'est plus à moi , &
» que je prétens n'être point impor-
» tunée. »

Pour cela , dit l'Abbé, vous êtes la
première femme qui se fâche contre un
homme qui l'aime ! Eh ! laissez-le vous
aimer ; laissez-le vous le dire, s'il en a
la force ; car s'il s'est tû jusqu'à présent ,
ce n'est que par timidité & par modestie,
c'est parce qu'il se trouve trop laid vis-
à-vis de vous, & qu'il craint de ne pou-

voir se faire aimer. Je ne sais pourtant où va sa crainte ; car , enfin, je ne le trouve pas si laid ; on apperçoit des traits charmans sous les marques de sa maladie. Hélas ! si mon coquin de frère avoit sa laideur avec son ame , vous seriez plus heureuse que vous n'êtes. Pour moi , à votre place, je sentirois le malheur d'avoir pour mari , un Narcisse, qui ne sait aimer que sa figure. Depuis plus de trois ans je gémis de votre état au point que depuis que je connois le Baron , qui , avec une fortune considérable, est d'une naissance qui ne le cède point à la nôtre , je fais des vœux pour votre liberté, afin de vous le donner pour réparer, auprès de vous, les sotises d'un frère qui ne vous mérite pas.

« Qu'entens-je ; s'écria la Comtesse avec étonnement ! Quoi ! vous souhai-

» tez la mort à mon mari ? à votre
» frere ? » En difant cela, des flots de
pleurs fortirent de fes yeux. L'Abbé la
laiffa pleurer quelques momens ; après
quoi il lui demanda fi elle croyoit fon
mari en voyage. Et fans lui donner le
temps de répondre, il lui dit que pour
lui, il avoit conjecturé, dès le temps de
fa fuite, qu'il n'avoit pas quitté Paris, &
qu'il ne l'avoit abandonnée que pour fe
livrer à quelque Maîtreffe qui ne la valoit
pas ; & que fon filence, depuis ce temps-
là, ne faifoit que le confirmer dans fon
opinion. L'intention de l'Abbé, en lui parlant ainfi, étoit de lui infpirer, pour fon
beau mari, quelque refroidiffement qui
la difpofât à trouver dans fon laid mari,
des avantages préférables à ceux qui ne
frappent que les yeux.

Ces paroles de l'Abbé la rendirent

rêveufe ; après quoi , elle s'écria : Que vous êtes cruel de me tirer de mon erreur ! Des pleurs & des foupirs fuccédèrent. Après s'être un peu foulagée , elle tira de fa poche une boîte dans laquelle étoit un bracelet, où le Comte étoit peint en miniature. Elle fixa les yeux fur ce portrait ; & lui adreffant la parole : feroit-il poffible, cher époux , lui dit-elle , que tu m'euffes abandonnée pour une autre ? Eh bien ! foit ; mais reviens, & je te pardonne tout. Puis montrant le portrait à l'Abbé , qui la regardoit avec le plus grand étonement, elle lui dit : Eft-il au monde un homme qui lui foit comparable ? Eh ! comment pouvez-vous avoir affez peu de naturel , pour fouhaiter la mort à un frère auffi aimable , qui ne vous a jamais offenfé , & qui vous a toujours aimé & refpecté comme un père ? Que votre difpofition me furprend & m'afflige ! que votre ami a pris d'af-cendant fur vous ! fe peut-il que pour l'amour de lui, vous facrifiez ainfi tout ce que la nature a pour vous de plus cher & de plus facré !... Comme elle refferoit fon bracelet, l'Abbé lui demanda ce qu'elle faifoit de ce portrait dans fa poche. Ce que j'en fais, dit-elle avec vivacité ? je le regarde, je le contemple, je le baife dès que je fuis feule, je lui adreffe la parole ; je lui dis qu'il eft tou-jours mon cher Adonis ; que je n'aime, que je n'adore, que je ne refpire que lui ; & je l'invite à fe hâter de revenir pour recevoir, & mes baifers & mes tranf-ports.

Que mon frère eft heureux, lui dit l'Abbé, de poffé der un cœur fi généreux & fi conftant ! Mais que je vous plains

d'être si attaché à un homme qui le mérite si peu , & que vous ne reverrez peut-
être jamais ! Non , ajouta-t-il tout de
suite , vous ne reverrez peut-être jamais
l'original de ce portrait que vous admirez
tant. Ah ! que me dites-vous-là , s'écria-
t-elle en fondant tout d'un coup en larmes ! Est-ce que mon mari est mort ?
L'Abbé content de son erreur , & voulant
pousser l'épreuve plus loin , ne lui répondit rien. Eh ! parlez donc , lui dit-elle ,
en avez vous reçu des nouvelles ? qu'en
savez-vous ? L'Abbé ne lui répondant toujours rien, elle reprit en redoublant ses
pleurs , & en poussant mille sanglots :
Ah ! ce silence m'en dit trop ; c'en est
fait , je n'ai plus de mari : hélas ! il n'est
plus d'espoir pour moi, me voilà la plus
malheureuse des femmes.... Elle se tut ;
mais, la tête dans son mouchoir , elle

pouffa tant de foupirs, que le Comte ,
tranfporté d'amour & ému de pitié , alloit
fortir de la garde-robe pour fe précipiter
à fes genoux , quand il entendit l'Abbé
lui demander ce qu'elle feroit fi fon mari
étoit mort ; & fi elle ne feroit pas dif-
pofée à donner au Baron , & fon cœur
& fa main. Non , lui dit-elle avec dépit,
non, je le hais trop, il a ravi votre
cœur à mon mari ; & fi ma perte eft
certaine , ni lui ni d'autres n'y auront
droit ; j'entrerai dans un couvent, pour
y paffer le refte de mes jours, & j'y pro-
noncerai des vœux pour dérouter les im-
portuns & me délivrer de leurs importunités. Je vais , ajouta-t-elle, en fe levant
& en répandent de nouvelles larmes ;
je vais chercher du foulagement & de la
confolation dans les bras d'un père &
d'une mère , qui ne refuferont pas des

pleurs à un gendre qu'ils ont aimé ; &
qui méritoit de l'être malgré ses défauts...

Arrêtez , lui dit l'Abbé , n'allez pas à
vos père & mere , débiter une nouvelle
fausse : je n'ai reçu de mon frère , ni de
personne de sa part , aucune lettre qui
m'apprenne de ses nouvelles ; son silence
seul me fait conjecturer sur son sort.
Ces paroles firent tressaillir de joie la
Comtesse. Mais piquée contre l'Abbé ,
elle reprit : pourquoi donc déchirer ainsi
mon cœur avec aussi peu de fondement ?
que vous a fait mon pauvre mari ? qui
vous anime si fort contre lui ? Hélas !
quoiqu'il soit coupable , il est peut-être
plus à plaindre qu'à blâmer. Il m'a quittée
à l'âge de quinze ans , parce que je n'avois
l'air encore que d'un enfant ; est-il si
cruel pour cela ? Il a eu la foiblesse de
rougir de ma jeunesse ; mais pour ce seul

défaut, je lui connois mille qualités. Quoi qu'il en foit, il vit, je refpire, je l'aime, & je ne fais que mon devoir en me réfervant toute pour lui. Eh ! quel mérite aurois-je de l'aimer s'il ne me donnoit que de la fatisfaction ? bien loin de lui en vouloir, j'ai pour lui toute la reconnoiffance poffible, de me mettre dans le cas de lui prouver ma tendreffe par quelques fouffrances que j'aurai bien vîte oubliées dans fes bras. Faffe le ciel que ce foit bientôt ! malgré vos conjectures, je l'efpère ; & en attendant, je ferai des vœux dignes de fes vertus & de mon amour. En difant cela, elle tourna fes pas vers la porte, où l'Abbé, étonné, & pénétré d'admiration, la vit aller fans pouvoir quitter fa place.

Le Comte alors fortit de fa cache. Ah ! mon frère, s'ecria-t-il, quelle femme !

quelle force d'efprit ! quelle tendreffe de cœur ! quelle délicateffe de fentimens ! Que je fuis heureux, & que je fuis à plaindre ! comment ai-je pu abandonner une époufe fi charmante ? que de reproches inutiles je me fais aujourd'hui ! comment m'y prendrai-je pour réparer toutes mes fottifes ? Je fuis aimé, adoré ; & cependant, je ne puis encore pénétrer dans l'âme de cette femme étonnante : je ne puis deviner fi l'amour qu'elle me porte a fa racine dans le cœur ou dans les yeux. Si elle eft là, je fuis heureux ; mais fi elle n'eft qu'ici, je fuis perdu ! quand vous lui avez dit que vous ne me trouviez pas fi laid, elle s'eft tue, & ce filence m'accable. Ce bracelet auffi, qui ne fort point de fa poche, me démonte. Je voudrois que tous mes portraits fuffent à vau-l'au : car, hélas ! tant qu'elle en aura fous les yeux, elle ne pourra jamais se faire à ma diable de figure. Vous avez poussé la conversation, ou plutôt, l'épreuve à l'extrême, & je n'en suis pas plus instruit : je n'en suis que plus amoureux, & par conséquent plus misérable.

En tenant ce discours, il étoit agité & troublé. L'Abbé, qui l'avoit écouté en silence & avec attention, vit bien qu'il étoit temps de le réunir à son épouse. Il l'embrassa ; puis lui dit avec amitié : tu te trompes, mon cher ami, tu es plus à féliciter qu'à plaindre : les procédés de ta femme font tout-à-la-fois sa gloire & la tienne. Car enfin si ton épouse étoit une coquette qui ne cherchât qu'à te plaire & qui oubliât son mari, serois-tu content ? Ah ! mon cher frère ; dit le Comte, vous m'ouvrez les yeux, je suis plus à féliciter des froideurs de la Comtesse, que je ne le serois de galanteries de sa part. Mais comment donc faire ? il faut pourtant que mon martyr cesse, je n'y tiens plus. Ce qui me fait trembler, c'est d'avouer mes infidélités. Si je n'avois fait que recommencer mes voyages, je n'aurois pas tant tardé à me faire reconnoître. Que j'ai eu tort, dès le mois de septembre, de n'avoir pas feint d'être dans le pays étranger, d'y avoir eu la petite-vérole, & de n'attendre que ma guérison pour voler dans ses bras, lui témoigner mon chagrin de n'être plus aussi digne d'elle qu'elle le mérite; mais que pour la dédommager d'un beau mari, j'allois travailler à être le meilleur époux qui puisse être au monde. Une telle lettre, mon cher frère, n'auroit-elle pas obtenu mon pardon ? & n'aurois-je pas agi en homme d'esprit plus que je n'ai fait ? L'Abbé lui dit qu'effectivement il auroit dû agir ainfi ; & qu'à l'envi l'un de l'autre, ils n'avoient opéré que comme des fots. Mais, ajouta-t-il, il y a une Providence qui nous éclaire ou nous aveugle felon fa fageffe. Elle eft adorable en tout. Si nous pouvions appercevoir fes profondeurs, nous ferions étonnés, confondus ! tu as fait le mal, & tu voudrois tout d'un coup être heureux & jouir de tous tes droits. Dieu permet tes craintes, ta timidité pour te faire expier tes fotifes. Tes foupirs, tes defirs, ton trouble, ta confufion, tes craintes exceffives font des échelons pour arriver au faîte du bonheur. Tu y arriveras, mon cher ami, tes remords m'en font foi. Travaillons de concert à ta réunion: arme-toi de courage. De mon côté, je ferai ton éloge, & tout ce qui fera en mon pouvoir pour te procurer cette estime nécessaire à l'amour. J'y consens, dit le Comte avec vivacité ; car je sens que mon cœur succombe sous le faix de mon amour. L'Abbé l'exhorta à se remettre de son trouble, pendant qu'il alloit se rendre dans la compagnie, pour tâcher de découvrir l'impression que sa conversation avec la Comtesse pouvoit avoir faite sur les esprits.

Quand il fut à la porte du salon, il entendit la Marquise qui disoit à sa fille, qu'elle ne devoit point en vouloir à l'Abbé pour des propos que son amitié seul avoit dictés ; & que pour le Baron, elle devoit lui savoir gré de son amour, le plaindre, lui donner à entendre qu'elle étoit liée par une promesse formelle, & adoucir par des politesses, les amertumes que cause toujours un amour inutile ; & le Marquis ajouta, qu'il n'étoit point étonné de l'amour du Baron ; mais qu'il l'étoit de ce qu'il avoit tant tardé à éclater. L'Abbé aussi content que surpris de la manière dont Monsieur & Madame de Pré-Fleuri prenoient la chose, n'entra pas, mais courut répéter à son frère, ce qu'il venoit d'entendre. Et dans le moment, l'un & l'autre se déterminèrent à reparoître dans la compagnie. Le Comte fit sa cour à la Comtesse : l'Abbé fit la sienne à la Marquise ; & ni l'un ni l'autre ne subirent aucun désagrément de la part des Dames.

L'heure du souper vint ; on se mit à table. Après souper on alla dans le jardin prendre le frais. L'Abbé dit tout bas au Comte : Commence à bien jouer ton rôle, tâche de réduire son indifférence aux abois. Je vais t'inviter à chanter ; ne crains pas de ressembler à toi-même. Puis élevant la voix , il dit à la Comtesse : ma nièce ; j'invite Monsieur le Baron à chanter , parce que je sais que cela vous fera plaisir. Elle répondit : je vous en sais gré, mon cher oncle... Et s'adressant au Comte : votre voix m'enchante , Monsieur , lui dit-elle ; car elle ressemble fort à la voix de celui à qui je suis promise. Ah ! Mademoiselle , dit le Comte , je voudrois être tout *voix* pour vous plaire. Si vous étiez tout *voix*, Monsieur , reprit-elle , vous seriez un écho que je prierois souvent de dire au bien-aimé de mon cœur , *que je l'aime.* A ce moment on s'assit sur un banc de gason. En parlant d'écho, ma nièce, dit l'Abbé, je me rappelle une chanson que vous aimez, qui est *Solitaires témoins* ; chantez-nous-là , je vous en prie. La Comtesse ne se fit pas prier deux fois, elle la chanta, & répéta jusqu'à quatre fois : *Echos,*

*Echos, dites-lui que je l'aime.* Quand elle eut cessé, le Comte claqua des mains : puis il chanta sur le ton du dernier vers : *Tircis , Tircis , l'adorable Iris t'aime :* & il le répéta aussi quatre fois. Ce trait fit beaucoup de plaisir à la Comtesse. Le Comte, à son tour, chanta un vaudeville très-tendre. On se leva alors pour se promener.

Le Comte s'insinua anprès de la Comtesse. L'Abbé les voyant ensemble, écarta adroitement Monsieur & Madame de Pré Fleuri, pour laisser les époux en liberté. « Que l'amour est un vrai tour-
» ment, dit le Comte, pour un cœur
» qui aime sans apparence de retour !
» Depuis que je vous vois, Mademoi-
» selle, je vous adore, & vous me dé-
» daignez. M'est-il permis d'en péné-
» trer la cause ? J'ai appris aujourd'hui

» que vous êtes promise. Pourquoi donc
» ce mortel heureux ne vient-il pas se
» mettre en possession d'un si rare tré-
» sor ? En ignore-t-il le prix ? Son in-
» différence triomphe-t-elle de votre ten-
» dresse ? Hélas ! il n'arrive que trop
» souvent qu'un amant ordinaire est heu-
» reux, tandis qu'un amour distingué
» est tyrannisé par sa force même, &
» est à peine apperçu ». *Deux mots,*
*Monsieur,* lui dit sèchement la Comtesse, *vont répondre à toutes vos ques-*
*tions : oui, je suis promise, par con-*
*séquent je suis due, & j'aime.*

« Mais, reprit le Comte avec feu,
» celui que vous aimez, mérite-t-il votre
» amour ? saura-t-il vous rendre heu-
» reuse ? J'entrevois que quand on parle
» de lui, on le blâme, & l'on vous
» plaint. S'il ne vous mérite pas, n'ai-je

» pas lieu d'efpérer? Ne puis-je pas pré-
» tendre à votre tendreffe, moi qui
» n'ai pour but que de faire votre bon-
» heur? » *Mon bonheur*, lui dit la Comteffe, *ne dépend pas de celui qui m'aime,
mais de celui qui a mon cœur.*

« Ah! Mademoifelle, s'écria le Comte,
» je fuis perdu, fi vous faites dépendre
» votre félicité de votre cœur feul! Nul
» intérêt de votre bien-être ne vous por-
» tera à me préférer à un homme fans
» amour; mais qui, peut-être, l'emporte
» fur moi pour la figure : car je fuis fi
» laid, & vous êtes fi belle, que ce
» n'eft qu'en tremblant que je me propofe.
» Cependant, ce qui me donne une lueur
» d'efpérance, c'eft qu'on dit que celui
» à qui vous êtes promife eft en voyage,
» & que depuis trois ans & plus, il n'a
» pas donné de fes nouvelles. Sans lui

» fouhaiter un malheur que vous ref-
» fentiriez, ne puis-je pas me flatter
» que, s'il ne vous eft pas poffible d'être
» l'un à l'autre, vous m'accorderez ce
» cœur & cette main, ( en montrant l'un
» & fe faififfant de l'autre ) fans lefquels
» la vie ne fera pour moi qu'un fup-
» plice ? » *Non, Monfieur, non,* lui
dit la Comteffe, en retirant fa main,
qu'il preffoit de fes lèvres ; *fi le ciel m'ôte*
*celui à qui je fuis deftinée, je recevrai*
*le coup, & je me confinerai dans la*
*retraite pour lui facrifier des jours qui*
*lui étoient réfervés, & qui ne feront ja-*
*mais à un autre.*

« Je vous fuis donc bien odieux, lui
» dit le Comte, pour rejetter un amour
» qui ne fubfifte que pour vous rendre
» heureufe ? Avez-vous juré ma perte ?
» Elle eft fûre, fi vous ne me donnez

» quelqu'efpoir ; fi vous ne me dites au
» moins qu'après celui que vous aimez,
» je fuis celui que vous eftimez le plus,
» & à qui vous fouhaitez quelque bien. »
La Comteffe s'imaginant fe débarraffer
de lui plus fûrement, lui dit avec une
tranquillité révoltante : *Votre hardieffe,
Monfieur, m'étonne ; c'eft mon cher oncle
qui nourrit chez vous un efpoir inutile ;
mais vous m'êtes fi indifférend que j'i-
gnore fi je vous aime ou fi je vous hais ;
fi je vous eftime, ou fi je vous méprife :
je fens feulement que votre amour me
déplaît, & que jamais je ne ferai à
vous.* « O ciel ! s'écria le Comte en
» pouffant un fanglot, il n'eft donc plus
» d'efpoir pour moi ?... » La compagnie,
qui étoit à peu de diftance, accourut ;
on lui demanda ce qu'il avoit. Il ne put
répondre ; il s'en fut à fon appartement

le défespoir dans le cœur. L'Abbé l'y
fuivit, laiffant Monfieur & Madame de
Pré-Fleuri auprès de leur fille, qui fubit
de leur part quelques reproches de fa
dureté.

Quand l'Abbé fut feul avec fon frère,
il lui fit plufieurs queftions, qui le re-
mirent peu-à-peu : enfuite il lui fit
répéter fa converfation avec fa femme;
& il en conclut, que la Comteffe avoit
outré fes fentimens dans l'intention de
fe débarraffer de fes importunités, &
qu'il étoit à préfumer qu'elle n'étoit pas
fi irritée de fon amour qu'elle le feignoit.
« Au lieu de te défefpérer de fes der-
» nières paroles, lui dit-il, tu aurois dû,
» en la ferrant dans tes bras, & en la
» baifant, lui dire que bon gré, mal-
» gré, elle feroit à toi dès ce foir; que
» tu étois ce mari qu'elle aimoit tant,

» &

>> & qui ne lui cédoit plus en amour; &

>> que si tu étois assez malheureux pour

>> n'être plus digne d'elle par la figure,

>> tu allois la dédommager par une ten-

>> dresse, une fidélité, & une constance à

>> toute épreuve. >> Ah! mon frère, lui

dit le Comte, que vous comprenez mal

ma situation! Mon cœur timide ne

pourra jamais soutenir le moindre de ses

dédains quand je serai reconnu; il faut

que je gagne son amour, ou au moins

son estime, avant de me dire son mari.

Eh bien! dit l'Abbé, s'il est ainsi, il

faut prendre cette nuit pour conseil, &

demain nous imaginerons de nouveaux

moyens pour arriver à nos fins. En at-

tendant, mets-toi au lit, & tâche d'y

prendre du repos. En disant cela, il sonna

les domestiques du Comte, & se re-

tira.

Le lendemain dès le matin, le Comte accourut chez l'Abbé. « Quelle rude nuit, » mon cher frère, lui dit-il en entrant, » J'ai eu un fonge qui me caufe une » émotion étrange. Ecoutez-le, je vous » prie. Nous étions, vous, la Comteffe & » moi dans le falon. Après m'avoir fait » un figne des yeux, vous dîtes à la » Comteffe : n'y a-t-il pas affez long-» temps, Madame, que je fuis votre » oncle ? Ne devrois-je pas actuellement » redevenir votre frère, en vous re-» donnant votre mari ? Elle, avec une » furprife mêlée de joie, s'écria : fe-» roit-il poffible que vous parlaffiez vrai ? » S'il eft en votre pouvoir de me le » redonner, hâtez-vous de faire mon » bonheur. Le voilà, lui dîtes-vous, en » me montrant, cet époux que vous ado-» rez. Une grimace & un œil dédai-

» gneux jetté fur moi, voilà fa réponfe.
» Ne vous refufez pas à l'évidence, re-
» prîtes-vous, examinez ; reconnoiffez
» ces traits qu'une maladie cruelle a ra-
» vagé. Un *ha* ! m'annonce qu'elle me
» reconnoît : je me jette à fes pieds pour
» embraffer fes genoux, & implorer mon
» pardon. Elle recule d'effroi ; & un
» torrent de pleurs fut fa feconde ré-
» ponfe. O ! mon frère, fi une pareille
» réception m'eft réfervée, je meurs à
» fes pieds , de douleur & de confu-
» fion !.... » O ! mon frère, lui dit
l'Abbé, en le raillant, fi tu adoptes de
pareilles chimères , je te confeille de
renoncer à ta femme, & de ne me ré-
clamer en rien. Le Comte fentit le re-
proche ; & rougiffant de fa foibleffe ;
il dit qu'il n'auguroit rien de ce fonge ;
qu'il penfoit bien qu'il n'avoit été occa-

ſionné que par la préoccupation de ſon eſprit ſur ſa réunion avec la Comteſſe; & qu'il n'avoit voulu que s'amuſer en le racontant. Eh bien, lui dit l'Abbé, n'en parlons plus; mais agiſſons.

Il lui dit alors qu'il avoit imaginé un moyen de découvrir les vrais ſentimens de la Comteſſe; que pour cela, il falloit dans le jour même, gagner la confiance de la Nourrice-bonne; que comme c'étoit une fille intègre & extrêmement attachée à ſa maîtreſſe, il falloit qu'il ſe fît connoître à elle, pour l'engager dans ſes intérêts; que cette fille pourroit, en diſant du bien de lui, diſpoſer en ſa faveur, le cœur de ſon épouſe; que le reconnoiſſant pour ſon maître, elle ne pourroit lui refuſer les éclairciſſemens qu'il exigeroit d'elle, & que pour éviter des indiſcrétions, il falloit, par promeſſes

& par menaces, la forcer à garder le secret vis-à-vis de sa maîtresse & de tout autre. Ce nouveau plan ranima le courage & l'espoir du Comte, qui engagea son frère à lui procurer, dans le moment même, une entrevue avec la Nourrice-bonne. L'Abbé étoit encore au lit. Il se leva, & envoya sur-le-champ dire à cette fille de venir lui parler.

Dès qu'elle parut, l'Abbé lui dit, qu'il alloit lui déclarer une chose sur laquelle il falloit garder un secret inviolable. Ensuite il lui dit de regarder attentivement le Baron, & de lui dire si elle ne découvroit pas en lui des traits qui ne lui seroient pas inconnus. Cette fille répondit que dès la première fois qu'elle avoit vu Monsieur le Baron, elle lui avoit trouvé de la ressemblance avec quelqu'un qu'elle avoit vu autrefois ; mais qu'elle n'avoit pu encore se rappeller cette personne à qui il ressembloit. Eh bien, lui dit tout d'un coup l'Abbé, voici le secret que je te confie, & que je te défends de découvrir sous peine de congé. *Celui que tu vois est le Comte mon frère, est ton maître, que la petite-vérole a ainsi défiguré.* A peine l'Abbé avoit-il fini ces paroles, qu'elle s'écria : ah ! Monsieur, c'est vous, oui, c'est vous, je vous reconnois. Mais comment ne vous ai-je pas reconnu plutôt ? Comment ma maîtresse, qui vous pleure tous les jours, ne vous reconnoît-elle pas ? Oh! qu'elle va être contente !... Tes transports, interrompit le Comte avec amitié, me font un vrai plaisir. Heureux, si ma présence en produisoit seulement la moitié dans l'ame d'une épouse que je chéris, que j'adore, & à qui je n'ose encore dire qui je suis.

Eh ! Monsieur, reprit cette fille, que craignez-vous ? ma maîtreffe languit, elle fe confume & ne refpire que vous : ne la laiffez pas davantage gémir de votre abfence. Oui, dit le Comte, elle ne refpire que fon mari ; mais ce n'eft pas moi : depuis plufieurs mois je remarque qu'elle eft attachée à ma figure paffée, & que ma figure préfente la choque. Dois-je l'expofer à de nouvelles peines ? Je ne l'ai déjà que trop offenfée : hélas ! cette femme charmante a tant de droit de me haïr, & fa haine me feroit fi funefte, qu'il me fera impoffible de me faire reconnoître d'elle avant d'avoir dipofé fon cœur un peu en ma faveur.

Pendant que le Comte parloit ainfi, la Nourrice-bonne étoit rêveufe. Quand il eut ceffé de parler, elle lui dit, qu'effectivement la Comteffe lui paroiffoit flattée

de fa beauté paſſée, qu'elle regardoit
ſouvent ſon portrait, en diſant qu'elle
étoit bienheureuſe d'avoir pour mari,
un des plus beaux hommes de France.
Malgré cela, ajouta-t-elle, je ne crois
pas que ſon amour n'ait pour objet que
votre figure; & il ſeroit cruel de la laiſſer
encore long-temps dans la douleur. Si
vous ſaviez combien elle ſouffre depuis un
ſonge qu'elle a eu, vous vous hâteriez
de la tirer d'une erreur qui la rend la
plus malheureuſe des femmes. Hélas! dit
le Comte, ſi elle eſt la plus malheureuſe des femmes, je ſuis bien le plus
malheureux des hommes : depuis que je
la vois, je languis, je gémis; il faut que
je me prive d'une femme adorable, d'une
femme qui, par le moindre de ſes attraits, l'emporte ſur toutes les perſonnes
de ſon ſexe; oh! il n'eſt pas de martyre

plus cruel que le mien : il faut qu'il finisse, il faut que tu m'aides, que tu imagines un moyen de me réunir à cette femme ravissante. A ce moment, son cœur se serra, ses yeux se remplirent de larmes, & un sanglot sortit de sa poitrine. L'Abbé, qui étoit son aîné de vingt ans, qui avoit pris soin de sa jeunesse, & qui avoit pour lui une tendresse de père, se trouva très-ému. Il dit à la Nourrice-bonne : il faut, ma chère, que tu imagines un moyen de tirer mon frère de sa peine & de son tourment, en le rendant à sa femme, & cela, le plutôt possible. Tu n'es plus un enfant, tu as quinze ans plus que ta maîtresse; par conséquent, tu passes trente-un ans. Une fille de cet âge doit savoir qu'une femme appartient à son mari. Hélas! dit le Comte à cette fille,

F v

fais-toi un devoir de me ſervir, im-
poſe-t-en la loi. Malgré mes mauvais procédés, mes procédés foux, tu m'as vu
pendant un an ne point faire divorce avec
ma femme, & coucher toujours avec
elle.....

« Ah ! Monſieur, interrompit la Nour-
» rice-bonne avec une eſpèce de tranſport;
» ſi je vous avois connu hier, je vous
» aurois fait coucher avec ma maîtreſſe
» cette nuit; oui, Monſieur, je l'aurois
» fait ſans crainte, ſans danger, & ſans
» ſcrupule, puiſqu'elle eſt votre femme.
» Mademoiſelle en entrant dans ſon
» appartement me dit : *J'ai chanté à*
» *l'air, puis j'ai ſubi une converſation*
» *du Baron qui m'a impatientée; & tout*
» *cela m'a altérée exceſſivement : il faut*
» *que je boive; mais comme je crains*
» *que l'eau pure ne me faſſe du mal, va*

» *me chercher un peu de vin.* J'y vais.

» En rentrant , Mademoiselle me pré-

» fente un grand gobelet de demi-fe-

» tier qui étoit prefque plein d'eau. Je

» lui dis qu'il y avoit trop d'eau. *C'eſt*

» *bien,* me dit-elle, *tu ſais que je n'aime*

» *pas le vin.* J'inſiſtai pour en ôter. Par

» complaiſance , & à caufe de mes re-

» préfentations fur fa grande foif, elle

» me permit de laiffer le gobelet aux

» trois-quarts d'eau , & d'achever de

» l'emplir de vin. Elle le but avec avi-

» dité ; puis elle me dit : *ce vin-là eſt*

» *bien fort.* En même-temps, elle fe

» jette dans fon fauteuil, & s'endort.

» Je veux l'éveiller, je lui dis qu'elle

» fera mieux dans fon lit ; je me mets en

» devoir de la deshabiller ; c'étoit ,

» Meffieurs, une fouche. Elle ne me

» répondit rien, ne s'aida en rien : enfin

F vj

» il m'a fallu la prendre dans mes bras
» pour la mettre au lit. J'ai eu bien du
» mal, ne voulant pas sonner ma com-
» pagne, à cause de l'habitude où je
» suis de coucher & de lever seule ma
» maîtresse.

» Son sommeil me donnoit de l'in-
» quiétude, quand je m'apperçus, un
» demi - quart - d'heure après, que ma
» maîtresse avoit pris du vin blanc pour
» de l'eau. C'est que, comme j'ai beau-
» coup de glaires sur l'estomac, une de
» mes amies m'a dit de faire infuser pen-
» dant douze heures deux gros de séné
» dans un demi-setier de vin blanc. J'en
» avois acheté une pinte que j'avois mis
» dans une carafe ; & Mademoiselle a
» pris ce vin pour de l'eau. J'ai voulu suivre
» l'effet de ce vin. Il a procuré à ma maî-
» tresse un sommeil si grand, que dans
» la nuit m'étant relevée quatre fois,

» je lui ai parlé, je l'ai retournée, tour-
» mentée même, sans pouvoir l'éveiller.
» Je craignois que ce ne fût un som-
» meil létargique. Ce matin à cinq heures
» elle s'est éveillée, elle a baillé fort
» haut. J'ai couru à elle. Elle m'a dit
» avec un air de contentement : *Ah ! que*
» *j'ai bien dormi, & que j'ai fait un*
» *joli rêve! mon mari étoit revenu, &*
» *il me faisoit mille caresses.* En disant
» cela, elle s'est rendormie; & elle dort
» encore. Quand on est venu me dire
» de venir vous parler, dit-elle à l'Abbé,
» j'ai instalé ma compagne auprès du
» lit, en lui disant de rester là jusqu'au
» réveil de Mademoiselle. Vous voyez
» bien, Monsieur, en s'adressant au
» Comte, qu'il m'auroit été facile de
» vous introduire auprès de Madame
» votre épouse ».

Ton récit, ma chère Nourrice-bonne, lui dit le Comte, vient de me mettre du baume dans le fang : l'aventure ne pourroit-elle pas fe répéter ? Qu'en dites-vous, mon frère ? Si je pouvois rendre ma femme mère, dans un fommeil de cette nature, je crois que ma réconciliation feróit bien avancée. Ce coup feroit hardi, répondit l'Abbé ; mais il ne feroit que hâter une réunion qui fûrement feroit notre bonheur à tous. Et s'adreffant à la Nourrice-bonne, il faut, lui dit-il, renouveller la chofe ce foir. Et comme il feroit difficile de faire boire, la Comteffe fi elle n'a pas foif, je prens fur moi de lui donner le goût de boire. Retourne auprès d'elle ; & fur-tout, garde bien le fecret. Elle s'en fut. La Comteffe dormoit encore. Il étoit dix heures, & elle avoit coutume de fe lever à huit.

La Nourrice-bonne fit du bruit à plufieurs reprifes ; elle ne s'éveilla pas. Enfin,
Madame de Pré - Fleuri, inquiète de
n'avoir pas encore vu fa fille, arriva,
& l'éveilla avec beaucoup de peine.

La Comteffe apprenant qu'il étoit dix
heures, fe leva bien vîte. Pendant qu'on
l'habilloit, elle difoit à fa mère, que depuis le départ de fon adonis, elle n'a-
voit fi bien dormi ; & que le meilleur
de fa nuit, étoit d'avoir beaucoup rêvé
de ce cher fugitif ; qu'il étoit revenu ;
qu'il lui avoit témoigné un contentement extrême du changement qui s'é-
toit fait dans fa perfonne ; qu'il lui avoit
fait toutes fortes de careffes ; & que ces
rêves lui étoient d'un bon préfage. La
marquife lui dit, qu'elle aimoit lui voir
de la confolation & de l'efpoir ; que
cependant elle devroit fe mettre au-

deſſus du commun des femmes qui fai-
ſoient dépendre leur bonne ou mauvaiſe
fortune de la nature de leurs rêves ; qu'occupée de ſon mari tout le jour, il n'y
a rien d'étonnant qu'elle en rêve la nuit ;
& que le mieux eſt de ſe conformer en
tout aux ordres de la Providence , en
vivant dans une tranquillité & une ſoumiſſion parfaites. La Comteſſe ſe trouvant habillée alors, fit ſa prière, & s'en
fut déjeûner avec ſa mère. Ce qu'il y
avoit de ſingulier, c'eſt qu'elle ne ſe ſou-
venoit pas d'avoir bu la veille en ſe cou-
chant.

Dans la matinée l'Abbé ſe fit apporter par la Nourrice-bonne, une chopine
de ce vin blanc de la veille; autant d'un
vin rouge de la première qualité. Il mit
ces deux vins dans une bouteille qu'il
boucha & cacheta. Enſuite il écrivit deſſus,

en lettres qui imitoient l'impreſſion : *vin de Morphée qui fortifie & endort le corps, & qui réveille l'eſprit en le rempliſſant de l'objet aimé.* Après le dîner, il pria la Comteſſe de monter chez lui. Il lui dit alors qu'il avoit une bouteille de vin de Morphée ; que ſi elle en buvoit le ſoir dans ſon lit, elle auroit bien du plaiſir dans la nuit. En même-temps, il lui préſenta l'étiquette à lire. Dans le moment elle ſe rappella qu'elle avoit bu la veille du vin bien fort, quoique dans une grande quantité d'eau ; & elle dit à l'Abbé : ah ! c'eſt donc vous, mon cher oncle, qui m'avez envoyé hier au ſoir de ce vin ? J'ai éprouvé en effet qu'il a les qualités de l'étiquette, j'ai eu une nuit délicieuſe ; je conſens à en avoir encore une pareille. L'Abbé, content de ſon erreur, ſe donna bien de garde de la détromper. Il lui dit qu'il inftruiroit la Nourrice-bonne, afin, qu'elle s'y prît mieux qu'elle ne l'avoit fait la veille. La Comteffe confentit à tout, & pria l'Abbé de ne rien dire de la chofe à fes père & mère.

Le foir, pour avoir moins de peine à coucher fa Maîtreffe, la Nourrice-bonne la mit au lit ; puis lui donna à boire un grand coup. La Comteffe n'avoit pas foif ; elle le but à trois reprifes, en faifant de fortes grimaces, parce qu'elle n'aimoit pas le vin. Le fommeil ne venoit pas. La Nourrice-bonne lui dit qu'il falloit en boire un fecond au bout d'un quart-d'heure fi le fommeil ne fe faifoit pas fentir. La Comteffe dit qu'elle fe fentoit la tête fort étourdie ; mais point de fommeil. La Nourrice-bonne verfa un fecond coup. La Comteffe n'en avoit pas

bu la moité , qu'elle s'endormit profondé-
ment. Le Comte étoit aux aguets. Après
s'être assurée de la force du sommeil,
la Nourrice-bonne le fit entrer auprès
de sa femme , & elle se retira.

Le Comte fut toute la nuit dans le
contentement & dans le trouble : la crainte
que sa femme ne s'éveillât & ne se fâ-
chât contre lui, le mettoit dans des
trances mortelles. Son intention étoit de
se retirer avant le jour. Malheureuse-
ment le sommeil ne s'empara de ses sens
qu'à quatre heures du matin. A cinq
heures, il faisoit jour. La Comtesse se
remua. Le Comte, dont le sommeil étoit
léger s'éveilla; & s'enfuit en tremblant
& en passant sa robe-de-chambre dans
ses bras. En s'en allant, il dit à la Nourrice-
bonne d'aller auprès de sa maîtresse. Elle
y courut. La Comtesse ayant déjà repris

fommeil, elle fe détermina à s'habiller & à refter auprès du lit, dont les rideaux étoient ouvers à caufe de la chaleur.

La Comteffe s'éveilla à fept heures. Voyant la Nourrice-bonne auprès d'elle, elle lui dit d'un air de dépit : « Je ne » veux plus boire de ce vin de Mor- » phée, il fait rêver de ceux qu'on aime » & de ceux qu'on haît : j'ai plus rêvé du » Baron que de mon mari; je l'ai vu » en rêvant.... Eh mais ! je crois l'a- » voir vu tout de bon !... Oh! je ne » me trompe pas, je l'ai vu fuir, il avoit » fa robe-de-chambre. O mon Dieu! quelle » idée me vient à l'efprit ! mon oncle » & le Baron s'entendent-ils pour me » rendre malheureufe, me jouer & me » déshonorer ? Ah! mon Dieu, je fré- » mis d'horreur.... » La Nourrice-bonne lui dit : ce que vous dites, Mademoi-

felle, feroit-il poſſible ? « Hélas ! dit la
» Comteſſe, je ne ſais que penſer : j'ai
» vu le Baron ce matin qui fuyoit ; je
» ne dormois pas, non, je ne dormois
» pas ; mais je me ſuis rendormie tout
» de ſuite ».

Voudriez-vous, Mademoiſelle, dit la
Nourrice-bonne, que j'aille parler à Monſieur l'Abbé de vos ſoupçons & de vos
embarras ? « Oui, dit la Comteſſe, va
» lui dire les horreurs qui me paſſent par
» la tête, & qui ne me laiſſent pas une
» goûte de ſang dans les veines ; va,
» & ne tarde pas à revenir ; car je bous
» déjà d'impatience & de colère. » La
Nourrice-bonne y fut bien vîte ; car ſon
embarras étoit extrême, ne ſachant ce
qu'elle devoit répondre.

Le Comte étoit auprès de ſon frère
depuis cinq heures. Il lui avoit fait des

détails qui n'ont pas tranfpiré. A ce moment, il flottoit entre le contentement
& le défefpoir. Quant il eut appris ce
que difoit, ce que penfoit, ce qui trou-
bloit fa femme, il fe mit à pleurer en
difant : « Mon Dieu, que les plaifirs de
» la vie font mêlés d'amertumes ! Ma
» femme va me haïr plus que jamais :
» remarquez, mon frère, ces paroles
» terribles : *il fait rêver de ceux qu'on*
» *aime & de ceux qu'on haït ; j'ai plus*
» *rêvé du Baron que de mon mari.* Je
» fens que je fuccombe fous le poids
» de mes malheurs : ç'en eft fait, je
» prens mon parti ; fi abfolument je ne
» puis plaire à ma femme, je me fais
» Chartreux. Je fuis accablé de fommeil
» & de douleur ; je vais céder à l'un ou à
» l'autre, en me mettant au lit, ou pour
» dormir dans mon accablement, ou pour
» foupirer à mon aife ». Il s'en fut.

La Nourrice-bonne pria l'Abbé de dic-
ter ses réponses à la Comtesse, qui par
ses lamentations & ses questions l'em-
barrassoit beaucoup. L'Abbé lui dit : il
faut que cette aventure prenne fin ; va
lui dire que je t'ai avoué que le Baron
a couché avec elle ; ajoute-lui que tu
l'as vu s'enfuir ; que tu t'est levée aussi-
tôt ; que tu n'as pas quitté le chevet de
son lit depuis, & que tu n'avois pas osé
le lui dire.

Cette fille alla s'acquitter de sa commission. « Quelle horreur , s'écria la
« Comtesse ! Quoi ! un frère suscite
» un rival à son frère ? Un frère! Un
» frère Prêtre, qui de tout temps a ar-
» boré la régularité, la piété ! » Un déluge de larmes suivit ces exclamations.
La Nourrice-bonne la laissa pleurer, sanglotter , sans oser parler. Après quelques

momens, la Comtesse lui dit : « Ma
» chère, je suis dans une douleur &
» une confusion que je ne puis expri-
» mer : une action si horrible me fait
» trembler : mon mari est mort ; hé-
» las ! ( en sanglottant ) il n'en faut plus
» douter : l'Abbé veut me donner au
» Baron, & se prête à tout pour réus-
» sir ; mais il échouera, je me ferai reli-
» gieuse, oui ! & je ne veux plus voir ni
» Abbé, ni Baron. » Ses larmes & ses sanglots redoublèrent. De temps en temps elle
disoit d'une voix étouffée, & le cœur serré :
mon cher adonis ! mon cher ami !... Enfin
elle se mit en devoir de se lever. Pendant une heure elle garda un morne silence. Après quoi elle écrivit deux billets, l'un à l'Abbé, l'autre au Baron.

Billet à l'Abbé : « Vos procédés, Mon-
» sieur, m'étonnent, m'absorbent, & me
» déchirent

» déchirent l'ame : mon mari eſt mort !
» ah ! oui , oui ! .... s'il l'eſt , vous êtes
» un monſtre : s'il ne l'eſt pas, vous êtes
» un double , un triple monſtre. Je vais
» quitter ce ſéjour, pour ne vous plus
» voir , & pour vous abhorrer. »

Billet au Comte : » Vous me faites
» horreur, Monſieur ; je vais vous fuir ;
» ne vous préſentez jamais à ma vue ; &
» apprenez que je ſuis mariée. Ah! mau-
» dite réſerve , funeſte ſecret , que vous
» me coûtez cher !... Mais ſavez-vous ,
» Monſieur, qui eſt mon mari ? ſavez-
» vous que c'eſt le frère de l'Abbé , de
» votre ami, de celui qui vous reçoit
» chez lui ? Eſt-ce par reconnóiſſance ,
» que dans ſa propre maiſon vous avez
» outragé ſon frère en me deshonorant ?
» Pour épargner une affliction cruelle à
» père & mère, je me taîrai ſur ma

G

» funeste aventure. Ce qui me soutient
» dans ma vive douleur , c'est que je
» suis innocente ; vous êtes le coupable,
» je n'ose dire le seul coupable, car
» vous avez un instigateur. O méchan-
» ceté ! ô noirceur ! ... je vous hais, je
» vous méprise , je vous déteste tous
» deux !.... la colère me suffoque. »

Pendant que la Comtesse écrivoit,
l'Abbé étoit dans la chambre du Comte.
Il l'avoit trouvé au lit fort rouge. Lui
ayant tâté le pouls , il lui trouva de la
fièvre. Il le plaignit, & lui dit qu'ils
avoient eu tort de faire enivrer la Comtesse, que c'étoit encore une sotise qu'ils
avoient faite à eux deux ; & que pour n'en
plus faire , il alloit travailler à amener la
chose à la découverte ; qu'il le prioit de
se surmonter & de lui donner toute sa
confiance ; mais qu'il ne falloit pas qu'il

s'avisât d'être malade, parce que cela reculeroit son bonheur. Le Comte se mit à pleurer & à sanglotter, en disant d'une voix entrecoupée : *Fi, fi des plaisirs de la terre, je n'en veux plus, je veux me faire Chartreux.*

A ce moment la Nourrice-bonne apporta les deux billets. L'Abbé les prit, les lut ; & il refusoit de donner au Comte celui qui étoit pour lui. Le Comte voulut les lire tous deux. Et quoiqu'accablé, il dit que ces billets étoient tels qu'ils devoient être de la part d'une honnête femme; & que sa résolution de fuir, le soulageoit dans sa position : « Quand je ne la verrai » plus, disoit-il, je respirerai : c'est un » cruel martire de voir, d'entendre, & » d'admirer tous les jours un objet char- » mant, qui appartient, & dont on est » obligé de se priver. »

Dès que la Nourrice-bonne fut partie
pour aller porter les billets, la Comtesse,
le cœur plein de son aventure de la nuit,
fut dire bon-jour à ses père & mère. La
tristesse qui étoit peinte sur son visage
les frappa. Ils lui en demandèrent la raison.
Des larmes sortirent aussi-tôt de ses yeux.
Résolue à se taire sur son prétendu malheur, elle profita de ses pleurs pour réfléchir en silence sur la réponse qu'elle
devoit faire. Enfin elle leur dit que sa tristesse étoit occasionnée par les discours de
l'Abbé contre son mari, & par les pour-
suites du Baron ; qu'elle étoit excédée
par l'un & par l'autre ; & que pour son
repos, elle les prioit de quitter ce séjour
où son cœur étoit en bute aux contra-
dictions, pour aller passer le reste de l'été
à leur Terre. La Marquise, qui aimoit la
compagnie du Comte, ne goûtoit point

fa propofition ; elle lui repréfentoit que les pourfuites du Baron étoient polies & mefurées ; que fon amour étoit refpec- tueux ; qu'il méritoit des ménagemens ; & qu'au furplus, il n'y avoit qu'à lui dé- clarer qu'elle étoit mariée, pour lui ôter l'efpérance, & le délivrer en même-temps de fes defirs. La Comteffe répondit à fa mère, qu'elle venoit de déclarer fon ma- riage au Baron par un billet. En difant cela, quelques fanglots fortirent de fa poi- trine. Le Marquis en fut touché ; & quoi- qu'il aimât auffi la compagnie du Comte, il dit à fa femme que leur fille étoit affez malheureufe pour qu'ils déféraffent à fes defirs fans examen, fans délai, & fans lui faire valoir le facrifice. La Marquife fe rendit dans le moment. La Comteffe les embraffa en leur témoignant fa recon- noiffance. De ce moment elle reprit le nom de son mari & le titre de Comtesse ; & toutes choses se disposèrent pour le départ.

La Comtesse, après avoir obtenu de ses père & mère ce qu'elle desiroit, retourna à son appartement, où étoit la Nourrice-bonne, qui lui remit un billet de l'Abbé. Il lui marquoit en deux mots, que probablement le Comte son frère n'étoit pas mort ; que du moins il n'en avoit rien appris ; & que s'il s'étoit prêté aux desirs du Baron, il avoit eu de fortes raisons pour le faire ; que le temps lui apprendroit tout ; & qu'il étoit sûr d'avoir alors l'approbation de tout le monde. Que pour le Baron, il étoit dans son lit avec la fièvre, & qu'il se soumettoit en tout à ses ordres tels rudes qu'ils lui paroissent. Et il fit dire par la Nourrice-bonne, à Monsieur & Madame de Pré-Fleuri, que le Baron étoit au lit avec une grande fièvre; que c'étoit pour cela qu'il n'avoit pas encore été leur souhaiter le bon-jour.

Le Marquis & la Marquise accoururent chez le Baron : ils lui témoignèrent la part qu'ils prenoient à sa maladie; en lui ajoutant, qu'ils y prenoient d'autant plus de part , qu'ils préfumoient que c'étoit leur fille qui y avoit donné lieu : mais que fachant actuellement qu'elle étoit mariée, ils penfoient qu'il auroit affez de fageffe & de raifon pour furmonter un amour inutile ; & que pour aider à la chofe, ils alloient, à la prière de cette chère infortunée, partir pour leur Terre, où ils alloient achever le refte de la belle faifon : qu'ils laiffoient à Monfieur l'Abbé le foin de lui dire le refte. Ils embrafsèrent le Baron en lui fouhaitant la fanté & le contentement.

L'Abbé leur dit que la Comtesse lui en voulant autant qu'au Baron, il les prioit de recevoir aussi ses adieux ; qu'il alloit rester auprès de son ami jusqu'à leur départ. En peu d'heures une chaise & des chevaux de poste furent prêts. Ils partirent ce jour-là, même vendredi 21 Août, à midi & demi, après un déjeûner délicat que l'Abbé leur avoit fait préparer. Ils n'emmenèrent avec eux que deux laquais & un valet-de-chambre. Le reste de leurs domestiques partit le lendemain avec tout le bagage & les équipages.

Quand le Marquis & les Dames furent partis, le Comte se leva, & reprit un peu courage. Le lendemain, il fit venir la Nourrice-bonne avant son départ, & lui dit : « Puisque je vais être privé de » la vue d'une épouse que j'adore, adoucis » mon sort, je te prie, en me donnant

» souvent de ses nouvelles. Parle-lui de
» moi tous les jours & à tous les instans :
» dis-lui bien que je l'aime, & que si je
» pouvois devenir son mari, elle trou-
» veroit en moi, & la fin de ses maux,
» & le sein du bonheur. Sur tout garde-
» toi de me faire reconnoître sans moi ;
» car le repos de ma vie dépendra de
» la manière dont la Comtesse appren-
» dra que je suis son mari. Pour en juger,
» il faudra que j'en sois témoin ; sans
» cela, je m'imaginerois n'être pas aimé,
» quand même les apparences seroient
» pour moi, parce que je ne les attri-
» buerois alors qu'à sa vertu & non à son
» amour. »

L'éloignement de la Comtesse causa
au Comte beaucoup d'ennui, & non cette
tranquillité qu'il en attendoit. L'Abbé
l'en badina en lui disant qu'il n'étoit

plus fi à plaindre depuis qu'il avoit joui
de fes droits ; que quelques mois d'abfence ne pourroient que donner plus d'at-
trait à leur réunion ; qu'il comptoit y
travailler lui-même & avec fuccès ; mais
qu'il preffentoit une néceffité d'attendre
leur retour à Paris ; qu'il fouhaitoit même
que cette néceffité eût lieu ; qu'alors les
raifons de remettre à ce temps , feroient
fortes & fondées ; & qu'il ne rendroit
compte que dans l'occafion , de l'objet qui
le faifoit parler ainfi. Le Comte ne lui
repliqua rien , mais foupira.

Si le Comte foupiroit de fon côté, la
Comteffe foupiroit du fien ; l'un fouhaitoit une chofe ; l'autre la craignoit ; &
tous deux n'ofoient découvrir ce qui les
intriguoit. Enfin au bout de quinze jours,
la Comteffe devint trifte & rêveufe. La
Nourrice-bonne la furprenant toujours en

pleurs, lui dit un jour : Ne pourrois-je pas, Madame, vous montrer une respec- tueuse curiosité ? elle est excitée par une affection si particuliere, que je ne crois pas vous offenser en vous disant que je mérite votre confiance. « Tu l'as, ma » chere, lui dit la Comtesse aussi-tôt en » laissant couler une nouvelle source de » larmes ; tu l'as, & je vais t'ouvrir » mon ame. Plains-moi : je suis la plus » malheureuse des femmes ; je suis au » comble de l'infortune ; enfin, je suis » enceinte. O Dieux, quel mot ! Ciel, » prens pitié de ma destinée : mon ame » succombe sous le poids de mon afflic- » tion.... » En disant cela, son cœur se ferra, sa voix s'éteignit, & elle resta évanouie dans les bras de la Nourrice- bonne, qui, par ses soins, lui fit assez promptement reprendre ses esprits.

G vj

Cette fille qui se réjouissoit de l'état de sa Maîtresse, n'eut garde de se chagriner avec elle ; mais il falloit se contrefaire. Qu'il m'est douloureux, Madame, lui dit-elle avec une tristesse feinte, de voir vos déplaisirs ! s'il ne me faut que pleurer avec vous pour amortir votre douleur, mes yeux se fondront bientôt en eau : mais quel effet produiront mes larmes, sinon d'exciter encore les vôtres ? Je dois donc m'appliquer seulement à relever votre courage, & à vous faire trouver du soulagement & de la consolation dans votre malheur même. Effectivement, Madame, si vous êtes grosse, vous êtes mère ; & l'innocent que vous portez, n'est pas moins votre enfant que si Monsieur le Comte en étoit le père. Est-ce que votre cœur ne vous dit rien en sa faveur ? Pour moi je sens que je

l'aime déjà. *Hélas* ! répliqua la Comtesse, *si je sens mes entrailles se remuer pour cet infortuné, je sens bien aussi que mon ame se révolte contre l'auteur de ses jours & de mon désastre.* Oh ! Madame, reprit la Nourrice-bonne, avec un air madré, que sa maîtresse affligée ne pouvoit appercevoir, ne vous indisposez pas trop contre Monsieur le Baron; c'est son amour qui vous rend mère; la manière dont il s'y est pris, vous a laissé votre innocence; & je le crois assez judicieux pour prendre sur lui tout le crime de l'existence de votre enfant : d'ailleurs, il faut encore le ménager pour ce cher innocent, dont vous voudrez cacher la naissance, & dont le sort va dépendre entièrement de lui. « Ah! dit la Comtesse,
» en poussant un profond soupir, tu
» me fais voir des nécessités qui achèvent

» de m'accabler : mais suspens tes re-
» présentations, je suis hors d'état de
» réfléchir & de t'entendre ».

La Nourrice-bonne qui avoit entrevu
que ses discours avoient fait quelqu'impression sur l'esprit de sa maîtresse, ne
fut pas long-temps sans revenir à la charge.
La Comtesse l'écouta alors, & en vint
à avouer qu'elle devoit en effet, ménager le Baron , pour l'amour de son
enfant & pour son propre honneur.
« Mais, lui ajouta-t-elle, laisse-moi
» encore un mois pour pleurer libre-
» ment, & pour savoir si mon malheur
» est certain ; & dans ce cas, je te laisserai
» la triste commission d'en instruire, &
» l'auteur de mes maux, & ceux qui
» m'ont donné le jour. Que leur ten-
» dresse sera mise à une rude épreuve !
» Hélas ! il me faudra bien renfermer

» ma douleur, pour ne pas irriter la leur.
» Ah ! songe fatal, tu commences à te
» réaliser ; mais de quelle manière, grand
» Dieu ! Là, ce fut mon mari qui me
» présenta un enfant ; ici, c'est un traître
» qui me fait ce funeste présent, & qui me
» ravit l'honneur ! Me voilà donc réduite
» à craindre le retour de mon mari,
» de ce cher ami qui seul possède &
» possédera mon cœur !.... » Un déluge
de larmes suivit ces paroles. La Nourrice-bonne voulut en vain, prendre les
intérêts du Comte, sa maîtresse lui im-
posa silence. Cette fille se tut ; mais au
premier moment qu'elle eut de libre,
elle écrivit au Comte, la grossesse de
la Comtesse, ses pleurs continuelles, &
enfin tous les discours que son déses-
poir lui faisoit tenir.

Le Comte apprit la grossesse de sa

fa femme avec une joie inexprimable.
L'Abbé, qui ne pouvoit s'empêcher de
fourire en voyant fes tranfports , lui dit:
tu ne veux donc plus te faire Chartreux ?
*Non , non , mon frère ; voilà un enfant
qui me redonnera le cœur de fa maman.*
Cependant l'Abbé modéra la joie du
Comte , en lui difant que cet événement pourroit bien cimenter fon bonheur ; mais qu'il ne pourroit l'avancer :
« Tu n'as pu encore, lui dit-il , péné-
» trer dans l'ame de la Comtéffe. Ta
» figure, en lui apprenant qui tu es ,
» peut lui déplaire, & la porter à te
» faire une réception défagréable. Si cela
» arrivoit, que deviendroit ce cœur dont
» tu nous as fi fort montré la fenfi-
» bilité ? C'étoit, pourfuivit-il, cette
» groffeffe, que je fouhaitois, & que
» j'efpérois; & qui me faifoit preffen-

» tir une nécessité de remettre après la
» campagne, une reconnoissance qui de-
» mande des ménagemens. Voici mon
» plan. A l'arrivée de la Comtesse à
» Paris, il faudra, par deux lettres que
» nous arrangerons ensemble, & que
» tu écriras sans contrefaire ton écriture,
» lui annoncer le retour de son mari.
» Se trouvant grosse alors d'environ trois
» mois, ce retour l'effraiera & l'embar-
» rassera. Et quand elle apprendra que
» c'est toi qui es, & cet époux, & le
» père de son enfant, pourra-t-elle ne
» pas se réjouir d'un événement, qui, en
» lui donnant le repos, lui rendra en
» même - temps celui qui, depuis plus
» de trois ans, fait l'objet de ses plus
» chers désirs ? »

O mon frère ! s'écria le Comte, en
se jettant au col de l'Abbé ; quel bon-

heur pour moi de vous avoir pour guide !
Faites, agiſſez en tout comme vous le
jugerez à propos : c'eſt à votre amour &
à votre ſageſſe que je remets le ſoin de
mon bonheur. « Mais, ajouta-t-il, je vois
» par la lettre de la Nourrice-bonne, que
» la Comteſſe ne veut découvrir ſa ſitua-
» tion que dans un mois. Il faudroit la
» forcer à le faire plutôt ; elle a beſoin
» de ſoins & de conſolation ; c'eſt dans
» le ſein de la Marquiſe qu'elle doit la
» puiſer. Faites en ſorte, je vous prie,
» que cette tendre mère apprenne, &
» l'état de ſa fille, & ſon innocence. »
Oui, dit l'Abbé, c'eſt une choſe à laquelle je vais travailler, ainſi qu'à une
autre que je projette, & que je crois
néceſſaire.

Deux jours après, le mercredi 9 Septembre, l'Abbé partit pour la terre du

Marquis. En l'embraffant, il lui dit qu'il venoit paffer une huitaine chez lui, à condition qu'il le reconduiroit, & lui rendroit la pareille. La Marquife qui aimoit le Baron, s'empreffa de demander de fes nouvelles. L'Abbé répondit, que fon corps fe portoit bien; mais que fon cœur étoit bien malade. C'eft ma fille, reprit la Marquife, qui eft caufe de tous fes maux. Si elle n'avoit pas voulu cacher qu'elle étoit mariée, elle auroit évité bien des importunités, & auroit épargné aux autres bien des déplaifirs. La Comteffe qui étoit préfente à ce propos, pouffa quelques foupirs, & garda le filence.

L'Abbé fut fe ménager des entretiens particuliers avec la Nourrice-bonne; il lui recommanda les intérêts de fon maître, & il l'engagea fur-tout à obtenir de la Comtesse, la permission de venir annoncer sa grossesse au Baron, pendant que le Marquis seroit chez lui. Au bout d'une semaine, il repartit, accompagné du Marquis, après avoir essayé plusieurs fois en vain d'égaier la triste Comtesse.

Ils arrivèrent au château une heure avant le dîner. Ils avoient fait leur voyage en chaise de poste. Le Marquis accabla le Comte d'amitiés & de caresses. L'Abbé saisit ce moment pour remplir son projet, qui étoit de le faire reconnoître par son beau-père. « N'est-il pas vrai, dit- » il au Marquis, que vous aimeriez mieux » le Baron pour votre gendre, que mon » frère ? » Je n'ai pas encore réfléchi là-dessus, répondit le Marquis ; j'estime Monsieur le Baron, & j'aime le Comte. Malgré sa fuite & les maux que son absence nous a causés, je sens que j'au-

rois un plaisir singulier à le revoir. « En
» ce cas, dit l'Abbé, en prenant la
» main de son frère, & en le lui pré-
» sentant, jouissez de ce plaisir. » Le
Comte, que l'Abbé n'avoit point prévenu
de ses intentions, pâlit; & se jettant
aux pieds du Marquis : vous le voyez à
vos pieds, Monsieur, lui dit-il d'une voix
tremblante, ce gendre qui vous a causé
bien des maux, & qui est tout prêt à
les réparer. Allons donc, cher Baron,
dit le Marquis, en s'efforçant en vain de
le relever, je crois que vous voulez jouer
la comédie. Non, Monsieur, reprit l'Abbé,
non, nous ne voulons point jouer la
comédie, nous voulons vous découvrir
une vérité : le Baron est le Comte mon
frère, que la petite-vérole a rendu méconnoissable à tout le monde : examinez-
le bien, & voyez que je ne vous en im-

poſe pas. Le Marquis fixa le Comte : il
fut frappé de ſes traits. Eh ! oui, c'eſt
vous, mon cher fils, dit-il en ſe jettant à
ſon col, & en l'obligeant, par cette action,
de ſe relever ; c'eſt vous, je n'en puis plus
douter. Le Comte étant dans un trem-
blement étrange, le Marquis reprit : Eh !
pourquoi trembler dans les bras d'un père
qui vous chérit ? Pourquoi nous avoir
laiſſé ſi ong-temps ignorer notre bonheur ? Quoi ! nous vous poſſédions ſans
le ſavoir ? Mais comment avez-vous pu
montrer tant d'amour pour votre épouſe,
& la laiſſer dans ſon erreur ? Ne ſavez-
vous pas qu'elle languit après votre retour, & qu'elle ne reſpire que vous ? Le
Comte, auſſi enchanté que ſurpris des
amitiés du Marquis, lui rendit ſes careſſes avec tranſport, & lui parla avec
confiance. Il lui fit toute ſon hiſtoire avec

une ouverture de cœur qui le charma.
Il sçut avec adresse , se louer & se blâmer à propos ; & il parvint à paroître
à ses yeux plus innocent que coupable,
& à se le rendre plus favorable que jamais.

Le Marquis applaudit beaucoup à la
ruse dont le Comte s'étoit servi pour
s'introduire une nuit auprès de sa femme ;
& il le plaignit de n'avoir pu se procurer ce plaisir qu'une fois. Il apprit la
grossesse de sa fille avec joie ; il eut quelqu'inquiétude seulement sur l'embarras
que cet événement devoit lui causer. Il
dit que depuis quelque temps il la voyoit
triste, & qu'il n'en étoit plus étonné ;
mais qu'il falloit au plutôt lui redonner
de la joie, en lui rendant son mari,
qui, quoique marqué de petite-vérole,

n'en étoit pas moins aimable , & n'en feroit pas moins aimé.

L'Abbé s'oppofa à cette décifion. Il tira le Marquis à l'écart, & lui dit que depuis qu'il revoyoit fon frère, il s'étudioit à lire dans le fond de fon ame ; qu'il voyoit avec plaifir que l'indifférence qu'il avoit eue pour fon époufe avant fon départ , étoit changée en une tendreffe des plus vives ; que fes remords fur le paffé étoient fincères ; mais que fa laideur actuelle le rendoit fi timide , & que les dédains de la Comteffe & fes froideurs l'accabloient fi fort, qu'il étoit à craindre que fon amour ne dégénérât en jaloufie, fi, en fe faifant reconnoître, elle lui faifoit une réception défagréable ; que pour éviter cet inconvénient , il croyoit néceffaire de la laiffer un peu

avancer

avancer dans fa groffeffe, en remettant leur reconnoiffance au retour de la campagne.

Ce retour avoit coutume de fe faire quelques jours avant la Saint-Martin. L'Abbé demanda au Marquis de le fixer précifément au 15 de Novembre, veille de la fête du Comte, qui s'appelloit *Edme*. Il jugea ce retard d'autant plus néceffaire, que le Comte lui avoit déclaré que n'ayant pu découvrir de quelle manière la Comteffe aimoit fon mari, il avoit deffein de faire à cette époufe charmante, une réception généreufe & brillante, pour fe la rendre favorable.

Le famedi, 19, trois jours après l'arrivée du Marquis chez l'Abbé, la Nourrice bonne y arriva à fon tour. Elle dit que fa maîtreffe étoit toujours trifte, & qu'elle avoit eu bien de la peine à

H

obtenir d'elle la permission de venir :
qu'enfin excédée de ses importunités,
elle lui avoit dit : « Eh bien ! va donc,
» va apprendre au traître qui m'a ravi
» l'honneur, les effets de ses amoureux,
» mais funestes transports ; à l'auteur
» de mes jours, mon malheur & ma
» honte ; à l'Abbé, le fruit de ses dis-
» cours imprudens. Demande bien à
» l'un, le témoignage de mon inno-
» cence ; à l'autre, de la modération dans
» sa colère, pour ne point irriter celui
» de qui va dépendre le sort de l'inno-
» cent que je porte ; & au troisième,
» le secret nécessaire à ma réputation &
» au repos de son malheureux frère ».
Le Marquis & l'Abbé badinèrent sur
son erreur. Le Comte la plaignit, & fit
repartir la Nourrice-bonne dès le lendemain, pour aller lui dire que les choses

s'étoient paſſées aſſez bien ; & que ſous deux jours, il ſeroit à ſes pieds pour lui témoigner ſa ſoumiſſion reſpectueuſe ; & à ceux de la Marquiſe, pour lui avouer ſa faute & implorer ſon pardon.

Il tint parole : le mardi 22, il partit, accompagné du Marquis & de l'Abbé. Sa préſence ſurprit & réjouit Madame de Pré-Fleuri : quoi ! Monſieur le Baron, s'écria-t-elle en lui ouvrant les bras ! Il n'oſa s'y précipiter ; mais il lui prit les mains, les lui baiſa l'une après l'autre, & lui dit avec un air de confuſion : l'objet qui m'amène, Madame, va vous être ſi douloureux, que je n'ai pas la force de vous le découvrir. Le Marquis, qui vit ſon embarras, prit ſa femme par le bras, la tira à l'écart, & lui raconta l'aventure de ſa fille avec quelque détail. Aſſuré que la tendreſſe d'une mère tient peu

H ij

contre un secret qui fait le tourment d'une fille chérie, il se donna bien de garde de lui apprendre que le Baron étoit son gendre. Pour arrêter une indignation qui éclatoit déjà dans les yeux de cette tendre mère, il lui dit, qu'à un mal sans remède, il ne falloit opposer que la patience ; qu'il avoit pardonné au Baron sa témérité en faveur de son erreur & de l'enfant de sa fille ; qu'il falloit que par les mêmes raisons, elle eût la même clémence ; que la seule chose qu'il lui demandoit étoit de s'occuper de la Comtesse, de lui faire rendre des soins nécessaires à son état, & de la consoler dans sa disgrace : que pour cela, il ne falloit lui montrer ni colère, ni tristesse ; mais un air libre & déridé, qui lui fasse trouver sa situation moins affligeante & moins, redoutable. La Marquise aussi étonnée du procédé de son mari, que de la hardiesse du Baron, dont elle trouvoit l'action intolérable, resta quelques momens interdite. Après quoi, ne voyant pas sa fille qui s'étoit esquivée dès qu'elle avoit vu paroître le Comte, elle courut à son appartement, où elle la trouva noyée dans les larmes. Elle l'embrassa, lui dit qu'elle savoit son malheur, qu'elle la plaignoit ; mais qu'elle l'exhortoit à surmonter une affliction aussi inutile que nuisible, & à montrer une noble fermeté dans une disgrace où sa sagesse & sa vertu n'avoient rien perdu de leur intégrité.

Pendant que la mère & la fille se font de tristes caresses, les Messieurs arrivent. Le Comte qui avoit vu sa femme le fuir plus pâle que la mort, l'aborde en tremblant, se jette à ses pieds, em-

H iij

braſſe ſes genoux , & implore ſa grace par le ſilence, les ſoupirs & les larmes. Cette ſituation touche la Comteſſe, qui d'ailleurs craint de l'irriter; elle lui tend une main tremblante, & lui dit de ſe relever. Le Comte baiſe cette main avec reſpect, & montre preſque par ſa contenance modeſte, qu'il n'eſt pas raviſſeur, mais époux & amant.

La Marquiſe, alors, ſe trouve dans un embarras étrange; elle voit ſa fille qui pardonne; ſon mari qui accueillit; l'Abbé qui careſſe celui qu'elle croit coupable du plus grand des forfaits. Elle ne veut pas paroître ſeule intraitable; elle regarde le Comte, & lui dit : « Monſieur le » Baron , vous avez enſorcelé tout » le monde ; il faut vous aimer, » vous eſtimer & vous craindre, pour

» ne vous point accabler de repro-
» ches ; je cède à l'exemple : je ne
» fais pas si je vous pardonne ; je fais
» feulement que je vous blâme , & que
» je me tais ».

Le Comte refta avec eux quelques
jours , pendant lefquels le Marquis &
l'Abbé prirent plaifir à parler de la fituation de la Comteffe. Le Marquis qui
voyoit fa fille rougir de fon état, lui
difoit qu'il ne falloit pas tant s'effarou-
cher de la venue d'un enfant ; que cet
enfant devoit lui être auffi cher que s'il
appartenoit au Comte ; & que d'ailleurs
le Baron fe difpofoit à partir pour Paris ,
uniquement pour lui aller faire préparer une demeure où fa réputation feroit à l'abri. L'Abbé difoit qu'il voudroit
déjà voir l'enfant ; qu'il l'aimoit comme
s'il étoit fon neveu ou fa nièce ; qu'il

en vouloit être le parrain avec Madame
la Marquife; il avoit la malice d'ajou-
ter que fon frère méritoit bien le tour
qui lui avoit été joué.

Ces dernières paroles étoient une plai-
fanterie pour & contre le Comte. La
Comteffe qui plaignoit fon mari, &
qui l'aimoit à l'adoration, ne put les
entendre fans montrer de la trifteffe. Le
Comte voyant fon déplaifir, pria l'Abbé
de finir fes propos, & lui dit qu'il n'a-
voit jamais eu l'intention d'infulter fon
frère, qu'il le plaignoit, & qu'il voudroit
de tout fon cœur pouvoir réparer les fautes
dont il fe fentoit coupable envers lui.
La Comteffe lui fut un gré infini de ces
paroles; elle lui marqua fa reconnoiffance par un fouris gracieux, le premier
qui fût forti de fa belle bouche depuis
l'aventure du coucher.

Le 30 Septembre, après un séjour d'une semaine, le Comte & l'Abbé partirent pour Paris. Le Comte pensa qu'il n'auroit pas trop de six semaines pour tout ce qu'il projettoit. Dès le lendemain de son arrivée, il fut à son hôtel, accompagné de son frère. Le suisse reconnut son maître, & le maître en eut un plaisir extrême. *Je ne suis donc pas si différent de ce que j'étois*, disoit-il à l'Abbé avec transport? L'Abbé ordonna au suisse de se taire sur son maître, & de ne le nommer que *Monsieur le Baron*. Le bon homme obéit.

Le Comte, plein de son amour, agit, ordonne; des ouvriers de toutes sortes sont à ses ordres. Il vint donner à son hôtel un nouvel éclat. Le marbre, la sculpture, la peinture, la dorure, tout est mis en usage. De nouveaux ameu-

blemens ornent des pièces nouvellement
embellies ; rien n'eſt trop beau pour l'u-
ſage d'une femme adorée ; d'une épouſe
qui a ſu conſerver à un mari infidèle,
un cœur intègre, vertueux & conſtant.
Cet époux converti, veut par une tendreſſe & une généroſité ſans bornes, réparer des fautes que ſon amour agrave :
il répand l'argent à pleines mains chez
le marchand, le bijoutier, le diaman-
taire. Une toilette riche, & d'une mode
nouvelle, orne un cabinet agréable &
riant ; elle renferme déjà de précieux
bijoux, des pierreries, des diamans, dont
le travail fait l'admiration. Une voiture
élégante & brillante eſt commandée. Une
bourſe toujours ouverte, anime les ouvriers de toute eſpèce, & les excite à
ſe hâter. Des chevaux de prix, & re-
marquables par leur beauté, ſont ache-

tés. Enfin, tout se fait, tout s'avance, tout va finir pour ce jour tant desiré.

De semaine en semaine, le Marquis ne manqua pas d'écrire au Comte des nouvelles de sa femme. Dans le commencement de Novembre, il lui marqua qu'elle commençoit un peu à surmonter sa tristesse. Le 11, il lui écrivit qu'il lui tiendroit parole ; que le 15, à cinq heures du soir, ils auroient le plaisir de s'embrasser, & d'éprouver la Comtesse.

Le Comte voit approcher ce jour avec joie & avec frayeur. La crainte & l'espoir élèvent un combat dans son ame : cependant, son amour tremblant se rassure par l'amour constant de la Comtesse, & par la solidité de jugement dont elle est pourvue. Il ne peut plus croire qu'une femme de cette trempe préfère de frivoles attraits à un amour éprouvé. Il regrette d'avoir tant tardé à se faire reconnoître, & il pétille après le moment où il doit le faire. Mais à mesure que ce moment approche, un redoublement de frayeur l'agite, le trouble; il ne sait plus ce qu'il doit craindre ou espérer; son esprit s'abbat, son corps tremble, son cœur palpite. L'Abbé qui apperçoit le trouble de son ame, lui dit qu'une grande joie est presque toujours précédée d'une grande affliction, ou au moins d'un grand trouble, & que dans cet espoir il doit ranimer son courage. Cette réflexion lui plaît; il reprend le dessus.

Le 15 au matin, de concert avec l'Abbé, le Comte écrivit deux lettres, sans contrefaire son écriture: l'une étoit à l'adresse de l'Abbé, l'autre à celle de sa femme, & cette lettre étoit datée d'une

ville d'Italie, près des frontières de la
Savoie.

L'Abbé & le Comte ne manquèrent
pas de prévenir l'heure marquée. Ils se
rendent à l'hôtel du Marquis. Les lustres
du salon sont allumés ; des bougies sont
placées de tous côtés , pour pouvoir examiner jusqu'aux moindres mouvemens de
la Comtesse. L'Abbé agit , ordonne ,
pendant que le Comte immobile, at-
tend , craint & desire le moment qui
va faire son tourment ou sa félicité.

Cinq heures sonnèrent. La voiture ne
tarda pas à se faire entendre dans la
cour. Le Comte & l'Abbé volent pour
donner la main aux dames.... Les voilà
tous dans le salon.

Après quelques complimens généraux,
sur la santé & le plaisir de se revoir,
l'Abbé dit à sa belle-sœur : *J'ai reçu des
nouvelles de mon frère.* Un cri de joie
échappe à la Comtesse : elle court à
l'Abbé qui tient une lettre à la main. Il
la lui donne. Elle y voit son adresse. Elle

rompt le cachet, l'ouvre, reconnoît l'écriture, & s'écrie avec transport en la considérant : *Caractères chéris, que vous imprimés de joie dans mon ame !* Elle y porte ses lèvres : des larmes douces coulent de ses yeux, & lui ôtent la faculté de lire. La Marquise prend la lettre & y lit ces mots :

« Me voici bientôt à la fin de mes
» voyages : puis-je espérer mon par-
» don, chère & trop digne épouse d'un
» mari fugitif ? Puis-je me présenter à
» l'unique objet de mon amour ? Puis-je
» embrasser ses genoux, & lui jurer
» que je l'adore; que mon cœur lui est dé-
» voué pour jamais ; que je ne veux vivre
» que pour réparer mes fautes, & que ma
» félicité va dépendre de son bonheur?
» Oh ! oui, un cœur généreux, un cœur
» comme le tien, chère ame de ma vie,
» ne pourra se refuser à l'amour le plus
» vif & le plus tendre. Une douce con-
» fiance rassure mon cœur timide ; il
» court, il vole, il devance mes pas,

» il eſt déjà vers toi , & je me hâte de
» le rejoindre , pour me précipiter dans
» tes bras , & me pâmer de joie ſur ton
» ſein ».

Eh! dit la Comteſſe , il eſt tout pardonné, ce cher objet de ma tendreſſe ;
il m'aime, cela me ſuffit pour être heureuſe ; mais qu'il ne ſe hâte pas de revenir ; car, grand Dieu! ( en levant les
yeux au ciel ) Dans quel état me trou-
veroit-il ? Puis regardant le Comte
avec un air de triſteſſe & de langueur :
« Ah ! Monſieur , lui dit-elle , de quelle
» joie me privez-vous aujourd'hui ! Faut-
» il que je ſois réduite à craindre un
» retour, qui depuis pluſieurs années
» fait l'objet de mes vœux ? Faut-il que
» je redoute la vue de celui qui rem-
» plit toute mon ame ? de celui dont
» la poſſeſſion ſeule peut faire ma fé-
» licité »?.... Hélas! oui , Monſieur le
Baron, dit la Marquiſe , avec aigreur ;
vous nous privez aujourd'hui d'une
grande joie. Puis voyant la Comteſſe

répandre des larmes : « Pauvre enfant,
» dit - elle en la contemplant d'un œil
» de pitié ! Chère infortunée ! avoir été
» un an avec son mari sans pouvoir
» avoir d'enfant , & une fatale nuit,
» un funeste moment la rend mère ».

Les larmes de la Comtesse troublèrent
le Comte. Que voulez - vous de moi
Madame , dit-il à sa femme, les yeux
humides ? Si ma mort peut vous redonner
le repos, prenez ma vie , elle est à vous.
Eh ! non Monsieur ; non , lui dit la Comtesse avec vivacité ; votre mort ne me redonnera ni mon repos, ni mon honneur.
Le Comte tressaille : quoi ! Madame , lui
dit-il , vous ne me haïssez donc pas tant
que je le crains ? Eh ! Monsieur , repliqua
la Comtesse , puisque votre mort ne me
feroit d'aucune utilité , vivez pour le malheureux enfant que je porte. Ne craignez
rien pour lui , Madame , reprit le Comte,
les choses sont arrangées de manière que
si je viens à mourir, tous mes biens lui

appartiendront. N'importe, Monſieur, dit la Comteſſe, vivez ; mais fuyez mon mari ; faites en ſorte qu'il n'apprenne jamais ſa diſgrace. On m'a dit que vous m'aviez fait préparer une retraite : mettez m'en en poſſeſſion, je vous prie ; & ſouffrez que, tant que j'y ſerai, la porte en ſoit exactement fermée pour vous. Là, j'attendrai dans les ſoupirs & dans les larmes, le moment de ma délivrance…. En diſant cela des pleurs & des ſanglots étouffent ſa voix. La Marquiſe la ſerre dans ſes bras & pleure avec elle : le Comte tremble ; il eſt ému de pitié & de tendreſſe, & ne ſait plus que dire & que faire. Le Marquis & l'Abbé, qui juſqu'à ce moment s'amuſoient de la ſcène, ſe troublent. Cependant l'Abbé, qui voit l'embarras de ſon frère, lui fait ſigne de ſe tranquilliſer, & d'attendre que ſa femme ſe ſoit un peu ſoulagée.

Pendant quelques minutes, il ſe paſſa une ſcène muette. Après quoi l'Abbé donna à la Comteſſe une ſeconde lettre, en lui difant que c'en étoit une que fon frère lui avoit écrite à lui, & qu'il croyoit devoir la lui communiquer. *Ah! donnez, donnez,* dit la Comteſſe en la faiſiſſant; *il eſt confolant de voir les traces d'une main chérie.* Elle lut la lettre qui étoit conçue en ce peu de mots.

« Bientôt, mon cher frère, je vais vous
» embraſſer. Mon plaifir fera grand; mais
» il n'égalera pas celui que je reſſentirai
» en ferrant dans mes bras une épouſe
» adorée. Cette lettre que je lui écris, &
» que je vous prie de lui remettre, va la
» tromper : elle annoncera mon retour
» comme de loin, & je fuis tout près
» d'elle, & fi près, que j'efpère la fur-
» prendre, & célébrer ma fête avec
» elle. »

Sa fête avec moi, s'écria la Comteſſe! Eh! nous y touchons, je crois? C'eſt aujourd'hui le quinze.... Ah! grand Dieu! c'eſt demain. Que cette nouvelle m'effraie & me charme! Quel combat dans mon pauvre cœur! Qu'il m'eſt cruel de n'ofer me livrer aux tranſports qui s'élèvent dans mon ame pour celui que j'adore ! Je ſens qu'il me ſera impoſſible de le fuir : je le verrai, je l'embraſſerai, je lui expoſerai & mon malheur & mon innocence ; & s'il refuſe de me croire, j'expirerai à ſes pieds de honte, de douleur & d'amour.

Que votre mari eſt heureux, Madame, dit le Comte avec feu ! qu'il eſt aimé ! Mais le ſeroit-il autant s'il revenoit de ſes voyages auſſi laid que je ſuis ? La petite-vérole pourroit avoir fait chez lui ce qu'elle a fait chez moi ; en ce cas ne pourroit-il pas arriver que votre accueil fût pour lui plus de glace que de feu ? Non, Monſieur, non, reprit la Comteſſe avec impétuoſité, ce n'eſt pas comme cela que j'aime la chere moitié de moi-même. Si ce cher fugitif revient, je ne dis pas auſſi laid que vous, car je ne vous trouve point laid ; mais s'il revient tout défiguré par cette maladie, ou par quelqu'autre acci-dent, il n'en ſera pas moins le cher & l'unique objet de ma tendreſſe : la différence que je mettrai dans ma réception, c'est que je le carresserai davantage pour le dédommager de sa disgrace, & lui prouver, par des démonstrations, toute la sincérité de mon attachement.

Le Comte, au comble de la joie, se jetta aux pieds de son épouse, & fixant sur elle un regard où l'amour étoit peint, il s'écrie O : *paroles divines ! femme charmante ! le voilà ce mari dont la petite-vérole a ravagé les traits ; le voilà pénétré d'admiration, de reconnoissance & d'amour,*

Ces paroles frappent la Comtesse ; elle jette sur son mari un œil avide ; elle le reconnoît, se précipite dans ses bras, & s'écrie avec transport : *O bonheur ! bonheur inoui ! oui, c'est toi, cher objet de mes vœux. C'est toi que j'embrasse & que je presse contre mon sein palpitant de tendresse, de surprise & de joie !* .... En disant cela elle s'évanouit. Le Comte la soutient dans ses bras, quitte sa posture, & va la placer sur un sofa, où la Nourrice-bonne, qui étoit à la porte à écouter , accourut pour la fecourir.

La Marquife alors prend la place de fa fille dans les bras du Comte : elle l'examine, le comtemple, le carrefle , le preffe contre fon fein , lui fait de tendres reproches de ne s'être pas fait reconnoître plutôt. Le Comte inquiet de la fituation de fa femme, ne lui répond qu'avec diftraction ; il jette fur la Comteffe des yeux pleins de larmes , qui réveillent la tendreffe de la Marquife. Elle court à fa fille , s'empreffe autour d'elle. Le Comte parle à fon époufe, il l'appelle des plus doux noms : il imprime fur fes levres pâles des baifers pleins de tendreffe qui la rappellent à la vie.

La Comteffe, en ouvrant fes beaux yeux, les fixa fur le Comte : *Traits précieux,* dit-elle, *que vous me raviffez !* & reprenant tont-à-coup toute fa vivacité, elle fe leve, s'affit fur fon mari, lui paffe un bras autour du cou, & le baifant de tous les côtés du vifage : *baifons,* dit-elle, *baifons toutes ces marques, toutes ces cica-*

*trices, qui, en changeant mon mari, ne l'ont
pas rendu moins aimable.* Puis s'adreſſant
à l'Abbé, en ſerrant le Comte de toute
ſa force, elle lui dit : » Eh bien mon
» frère, ne voila-t-il pas mon ſonge qui
» ſe réaliſe ? N'eſt-ce pas mon mari qui
» m'a donné un enfant ? Le vaſe fatal
» qu'il m'a préſenté, n'eſt-ce pas ce ſecret
» qu'il a gardé juſqu'à ce jour, & qui m'a
» coûté tant de pleurs ? Et ne voilà-t-il
» pas, ajouta-t-elle en redoublant à ſon
» mari ſes careſſes ; ne voilà-t-il pas le
» mouchoir de conſolation ? Ne voilà-t-il
» pas qu'il eſſuie & qu'il ſéche mes lar-
» mes ? Oh ! que j'avois raiſon de trouver
» ce ſonge ſignificatif ! »

Alors l'Abbé, ſatisfait de la ſcène,
quitta la compagnie, & s'en fut à l'hôtel
du Comte, pour voir ſi des ordres qu'il
avoit donné s'exécutoient, & pour en
donner de nouveaux. Après une courte
abſence, il reparut, & trouva la Nourrice-
bonne auprès de ſa Maîtreſſe, qui lui
racontoit combien elle avoit contribué à

ses peines passées & à ses plaisirs présens.
Le Marquis, la Marquise & la Comtesse
l'écoutoient avec une singulière satisfaction ; & à chaque trait, le Comte rece-
voit de son incomparable épouse de nouvelles caresses. L'Abbé assaisonna encore
cette conversation par le récit de mille
choses que lui seul savoit ; & le Comte
n'en fut que plus plaint, plus admiré, &
plus aimé des uns & des autres.

Après cette conversation, l'Abbé dit à
son frère, qu'il étoit temps de partir. Le
Comte aussi-tôt prit la main de la Comtesse, & lui dit : Allons, chere & adorable
épouse, allons à notre hôtel, célébrer la
fête de notre réunion. Il la conduit à la
voiture qu'il lui avoit fait faire, & lui
dit qu'elle lui appartient. Elle l'admire ;
puis dit à son mari : *si la beauté, l'élégance,
& le goût de cette voiture frappent mes
yeux, que la part d'où elle me vient,
flatte mon cœur !*

Le trajet est court ; en moins d'une
minute ils arrivent. Tout frape les yeux

de la Comtesse dans ce lieu qu'elle avoit évité exactement depuis la furie de son mari. Tout lui prouve l'amour de ce mari, qui seul peut la rendre heureuse. En entrant dans le salon, elle y trouva une compagnie d'amis choisis, à qui le Comte s'étoit fait reconnoître depuis peu, qui l'attendoit pour la féliciter. Quand elle eut reçu tous les complimens de chacun, le Comte la conduit à une des fenêtres qui donnent sur le jardin. Il frappe des mains. Dans le moment, un feu d'artifice des plus beaux se tire & s'exécute avec tout le bonheur possible. Un souper splendide suit.

La Compagnie se retire de bonne heure pour laisser nos époux jouir de toute leur félicité.

Six mois après, la Comtesse donna naissance à un fils qui mit le comble à leur bonheur.

## F I N.

www.ingramcontent.com/pod-product-compliance
Lightning Source LLC
LaVergne TN
LVHW051022200726
843508LV00001B/256